Twenty First Century Assessment and Strategies for Language Teaching

❧

Evaluación formativa y estrategias para la clase de lenguas en el siglo XXI

Rick Mc Callister se doctoró en español de la University of Texas. Recibió cursos posdoctorales a través del National Endowment for the Humanities en Poesía Hispanoamericana en Georgetown University y en Antropología Mesoamericana en la University of Pittsburgh, tanto como un curso en Estudios Culturales en la Universidad de la Habana. Recibió entrenamiento intensivo en evaluación formativa por parte de un equipo de expertos internacionales cuando sirvió como becario fulbright scholar en la universidad de El Salvador en 2007, y como voluntario en 2008. Contribuyó como voluntario al currículo nacional salvadoreño de literatura hispánica. Tiene alrededor de 50 presentaciones académicas y más de 100 publicaciones académicas, incluso alrededor de 15 libros. En 2007, fue premiado por sus contribuciones culturales a Nicaragua de la Universidad Nacional Autónoma de Nicaragua. En 2011, recibió el premio NEH para la facultad facultad por realizar estudios culturales y literararios y transladar el canon literario náwat. En 2013, fue premiado por el Ministerio de Educación Salvadoreño por su trabajo sobre los estudios náwat.

Abigail Guerrero se licenció en Literatura, Cultura Hispánica y Español, y recibió el profesorado de la Universidad Centroamericana José Simeón Cañas, El Salvador. Realizó diplomados basados en el enfoque Comunicativo Funcional, enfoque Constructivista y por competencias con asesores de Argentina y EEUU. Fue maestra de español del Bachillerato Internacional IB. Durante años sirvió como instructora de español y literatura, asesora educacional, redactora de textos y escritora profesional, con más de 30 publicaciones. Formó parte del equipo responsable de diseñar el currículo nacional salvadoreño de Español y Literatura Hispánica, el cual todavía está vigente. Entre sus publicaciones se encuentran: Del Túnel y el Retorno (poesía) Cuentos para beber con un huacal de atol shuco; textos de gramática española, técnicas de lectura comprensiva bajo el enfoque comunicativo, entre otros.

Marlene Guerrero Santa María se licenció en Educación de la Universidad de El Salvador. Durante varios años trabajó como instructora educativa, fungió como Superintendente de escuelas y Coordinadora nacional para la zona occidental de El Salvador y fue Presidenta Nacional del sindicato salvadoreño de maestros. Su trabajo se concentró en administración, planificación educacional, evaluación, interpretación de indicadores, asistencia técnica y entrenamiento. Actualmente se dedica a la creación de cuentos infantiles y textos para el aprendizaje de idioma español.

Rick Mc Callister received his PhD in Spanish from the University of Texas. He received post-doctoral coursework through the National Endowment for the Humanities in Latin American Poetry at Georgetown University and in Meso-American Anthropology at the University of Pittsburgh, as well as a course in Cultural Studies at the Universidad de la Habana. He received intensive training in assessment from a variety of international experts as a Fulbright Scholar at the Universidad de El Salvador in 2007, and volunteer in 2008. He voluntarily contributed to the Salvadoran National Curriculum for Hispanic Literature. He has about 50 academic presentations and over 100 academic publications, including about 15 books. In 2007, he received an award for cultural contributions to Nicaragua from the Universidad Nacional Autónoma de Nicaragua. In 2011, he received the NEH Faculty Award to carry out cultural and literary studies and to translate the Nawat literary canon. In 2013, he received an award from the Salvadoran Ministry of Education for his work on Nawat Studies.

Abigail Guerrero received her degree in Hispanic Literature, Culture and Spanish Language, as well as a teaching degree, from the Universidad Centroamericana José Simeón Cañas in El Salvador. She has served as an instructor, school inspector, educational consultant, text editor and professional writer, with over thirty publications. She served as the main consultant for the Salvadoran National Curriculum for Hispanic Literature, which is still in effect. Her publications include: Del Túnel y el Retorno (poesía) Cuentos para beber con un huacal de atol shuco; Spanish grammar textbooks, communicative-focused reading comprehension textbooks, etc.

Marlene Guerrero Santa María received her degree in Education from the Universidad de El Salvador. She has served as instructor, school superintendent, national educational coordinator for western El Salvador, and National President of the Salvadoran Teacher's Union. She has focused on educational administration, planning, evaluation, educational indicators, technical assistance and training. She is currently working on children's stories and texts for learning Spanish.

Twenty First Century Assessment and Strategies for Language Teaching

Evaluación formativa y estrategias para la clase de lenguas en el siglo XXI

Dr. Rick Mc Callister
Licenciada Abigail Guerrero
Licenciada Marlene Guerrero Santa María

First Edition, 2013
Assessment and Strategies for Teaching Spanish
Evaluación formativa y estrategias para enseñar español
Copyrights is held by
   Rick Mc Callister, Abigail Guerrero
   & Marlene Guerrero Santa María
Translation in to English Copyright © 2013
   by Rick Mc Callister
All Right Reserved
Cover Design by: Mario Ramos/Casasola Editores
Interior design by: Oscar Estrada/Casasola Editores
Printed in the U.S.

Assessment and Strategies for Teaching Spanish
Evaluación formativa y estrategias para enseñar español
 Translated and Edited by
 Rick Mc Callister — 1st ed.
 English and Spanish text.

ISBN: 978-0-9887812-4-5

I. Mc Callister, Rick; Guerrero, Abigail; Guerrero Santa María, Marlene,
II. Title. III. Title: "Assessment and Strategies for Teaching Spanish"
IV. "Evaluación formativa y estrategias para enseñar español"
1. Spanish Language —Text book for foreign speakers— English.
2. Democratic Curriculum 3. Quantitative and Qualitative Evaluation 4. Problems of Teaching 5. Self Esteem 6. Student Dignity 7. Teaching.

6x9 inches p.178

INDICE/INDEX:

PROPÓSITO/ABSTRACT	10
PURPOSE/ABSTRACT:	11
DEDICATORIA Y AGRADECIMIENTOS	12
DEDICATION AND ACKNOWLEDGMENTS	13
Capítulo I: Los retos del Siglo XXI	14
Chapter I: Challenges of the Twenty First Century	15
La evaluación y los nuevos modelos de aprendizaje:	18
Evaluation and New Models for Learning:	19
Elementos distorsionadores	
de la "Vieja Escuela"	22
Distorting elements of the "Old School"	23
Falta de claridad:	24
Lack of clarity:	25
Lack of consensus:	29
La falta de consenso entre profesores y	
administradores:	30
La confusión en los tipos de evaluación:	32
Confusion among types of evaluation.	33
CAPÍTULO II: El papel de la cultura en cuanto al	
aprendizaje de lenguas	38
Chapter II: The Role of Culture in Language Learning	39
Hacia una evaluación abierta, pertinente y	
democrática de la cultura:	44
Towards Open, Pertinent and Democratic	
Cultural Evaluation:	45
Capítulo III: Evaluación, un producto social y político	50
Chapter III: Evaluation, a Social and Political Product	51
Capítulo IV: La evaluación formativa	64
El papel del profesor en la evaluación formativa:	64
Chapter IV: Formative Evaluation or Assessment	65
The Role of the Professor in Foreign Language	
Assessment:	65
Principios pedagógicos aplicados a James y Sarah	72
applied pedagogical principles (James and Sarah)	73
Rol docente en la visión autoritaria:	74
The Role of Teaching from an Authoritarian	
Perspective:	75
El rol del estudiante en la evaluación formativa:	82
The Students' Role in Assessment:	83
Evaluar formativamente no es hacer estadística:	86
Assessment is not Statistics:	87

Capítulo V: Nuevas formas de evaluación y estrategias en la clase de lenguas 90
Chapter V: New Forms of Evaluation and Strategies For Language Classes 91
    Expresión oral: 94
    Oral Expression: 95
    Fundamentación cultural: 102
    Cultural Grounding: 103
    Extensiones: 112
    Extensions: 113
    Pronunciando con sentido: 114
    Pronunciation with Meaning: 115
    Ejercicios para pronunciar con sentido: 118
    Exercises for Meaningful Pronunciation: 119
    Evaluación de expresión oral: 122
    Evaluating Oral Expression: 123
    Heteroevaluación o coevaluación 126
    Heteroevaluation or Coevaluation: 127
    Proyectos orales y escritos 128
    Oral and Written Projects 129
    Propuesta A: Mi biografía 132
    Proposal A: Biography 133
    Propuesta B: Poesía 136
    Proposal B: Poetry 137
    Propuesta C: El recado cibernético 140
    Proposal C: The Cyber-message 141
    Propuesta D: Una receta de cocina 140
    Proposal D: Kitchen Recipes 141
    Propuesta E: Pasaporte cultural 142
    Proposal E: Cultural Passport 143
    Propuesta F: Resolviendo problemas matemáticos o nutricionales 142
    Proposal F: Solving Mathematical and Nutritional Problems 143
    Propuesta G: Portafolio y entrevista 146
    Proposal G: Portfolio and Interview 147
Biografía: Criterios: Expresión oral, expresión escrita, comprensión y contenido de tarea. 152
Biography Criteria: Oral Expression, Written Expression, Comprehension And Content 153
Conclusiones 170
Conclusion 171
BIBLIOGRAFÍA/BIBLIOGRAPHY: 177

La mente no es una vasija para llenar, sino un fuego para encender.

              Plutarco

The mind is not a vessel to be filled, but a fire to be kindled.

              Plutarch

PROPÓSITO/ABSTRACT:

ESTE LIBRO es idóneo para todos los interesados en mejorar la crisis contemporánea en educación. Gracias a su introducción a los problemas de la evaluación, ofrece soluciones actualizadas a profesores, estudiantes, investigadores, administradores, burócratas, políticos y el público general en su búsqueda por obtener mejores resultados en el aula.

Aunque se enfoca en la enseñanza de lenguas, es aplicable a todos los dominios educativos arraigados en la enseñanza experiencial o vivencial, como la matemática, la computación, la pedagogía, los deportes y las Bellas Artes. Gracias a su enfoque global y cualitativo de la enseñanza, promueve la adquisición de lenguas como un programa íntegro en vez de un conjunto de ítems discretos.

PURPOSE/ABSTRACT:

THIS BOOK is ideal for anyone interested in resolving the contemporary crisis in education. Thanks to its introduction to problems of evaluation, it updates and offers updated solutions for professors, investigators, administrators, bureaucrats, politicians and the general public in their search for better results in the classroom and how to form students better prepared for the twenty first century.

Although it is focused on the teaching of languages, it is applicable to all educational domains rooted in experiential learning, such as mathematics, computer science, sports, and fine arts. Thanks to its global and qualitative approach toward education, it promotes language acquisition as an integrated program rather than a collection of discrete items.

DEDICATORIA Y AGRADECIMIENTOS

DEDICAMOS este libro a nuestros hijos, los de nuestra familia y nuestros hijos espirituales, los estudiantes.

APRECIAMOS la ayuda de todos los que colaboraron, consciente o inconscientemente, incluso a nuestros profesores, amigos y colegas de ahora y del pasado, los que nos educaron, criticaron e inspiraron. Estos incluyen a Beatriz Actis, Danny Anderson, Jorge Eduardo Arellano, Manlio Argueta, Arturo Arias, Nicolás Ayala, Odun Balogun, Ana Elia Quijano de Batres, George "Tony" Cabello, Rosario Cambria, Tirso Canales, María Jesús "Susi" Castelló Lamas, Andria Chiodo, Edward Dawley, Phil Donley, Anurit Dujari, Lety Elvir, Juan Armando Epple, Roberto Fernández Retamar, Billie Friedland, Óscar García, Myna German, Ricardo Gutiérrez Mouat, Rafael Lara Martínez, Jim Lee, Magnus Lembke, José Lemus, Fengshan Liu, Sarah Marrero, Silvia Matus, Norah Méndez, Vidaluz Meneses, Beatriz Nájera, Wafula Okumu, Richard Phillips, David "Pokie" Pokrajac, Armida Ramírez Salinas, Sergio Ramírez Mercado, Nirmajit Rathee, Rafael Rodríguez Díaz, Enrique Romaguera, María Roof, Lisa Ruschmann, Jeremy Sabloff, Enrico Mario Santí, Rayton Sianjina, Judith Shorrock, Brad Skeltcher, Rob Smead, David Smith, Carlos Solé, Iván Igor Villalta Sorto, Roberto Sosa, Brian Stross, Stephen Taylor, Alton Thompson, Bill Van Patten, Martín José "Pinche" Vélez, Evie Zerefos, Deborah Steinberger y Oscar Estrada, todos modelos de excelencia.

DEDICATION AND ACKNOWLEDGMENTS

WE DEDICATE this book to our children, be they from our families or our spiritual children, the students.

WE APPRECIATE the help of all who contributed, knowingly and unknowingly, including our professors, friends and colleagues, both those from today and those from the past, those who educated, criticized and inspired us. These include Beatriz Actis, Danny Anderson, Jorge Eduardo Arellano, Manlio Argueta, Arturo Arias, Nicolás Ayala, Odun Balogun, Ana Elia Quijano de Batres, George "Tony" Cabello, Rosario Cambria, Tirso Canales, María Jesús "Susi" Castelló Lamas, Andria Chiodo, Edward Dawley, Phil Donley, Anurit Dujari, Lety Elvir, Juan Armando Epple, Roberto Fernández Retamar, Billie Friedland, Óscar García, Myna German, Ricardo Gutiérrez Mouat, Rafael Lara Martínez, Jim Lee, Magnus Lembke, José Lemus, Fengshan Liu, Sarah Marrero, Silvia Matus, Norah Méndez, Vidaluz Meneses, Beatriz Nájera, Wafula Okumu, Richard Phillips, David "Pokie" Pokrajac, Armida Ramírez Salinas, Sergio Ramírez Mercado, Nirmajit Rathee, Rafael Rodríguez Díaz, Enrique Romaguera, María Roof, Lisa Ruschmann, Jeremy Sabloff, Enrico Mario Santí, Rayton Sianjina, Judith Shorrock, Brad Skeltcher, Rob Smead, David Smith, Carlos Solé, Iván Igor Villalta Sorto, Roberto Sosa, Brian Stross, Stephen Taylor, Alton Thompson, Bill Van Patten, Martín José "Pinche" Vélez, Evie Zerefos Deborah Steinberger and Oscar Estrada, all models of excellence.

CAPÍTULO I: LOS RETOS DEL SIGLO XXI

Los retos del nuevo milenio implican la preparación de estudiantes a nivel universitario. Actualmente, la mayor parte de la población estudiantil puede disfrutar los avances en la ciencia y en la tecnología; recursos, que permiten difundir mensajes e incluso enlazarnos con personas de diferentes culturas, muchas veces, sin la necesidad de contratar traductores. Esto último, gracias a los programas de traducción en la red que se han convertido en herramientas de alta frecuencia puesto que suministran una solución inmediata, a pesar de frecuentes errores.

Muchos sectores de la población califican este recurso como conveniente y adecuado a sus propósitos. No necesitan nada adicional para sostener un enlace informativo de carácter eventual con personas de otras culturas. En la mayoría de los casos se trata de enlaces que no requieren un dominio alto y riguroso de los idiomas extranjeros. Pero por otra parte, desde hace algunas décadas han surgido otros grupos que enaltecen las propiedades de estos programas, declarando incluso que no es necesario aprender otras lenguas. Ellos manifiestan que aprender otro idioma es una tarea banal e incluso una práctica obsoleta destinada al despilfarro de recursos y de tiempo; los defensores de este veredicto sugieren que es preferible equiparse con buenos programas de traducción online aduciendo que son prácticos, precisos y confiables. Por mi parte, no dudo que estos programas sean relativamente eficaces. No dudo que estén diseñados para traducir palabras, incluso frases con asombrosa precisión. Pero hay algo que todavía no han logrado dominar. Ninguno de ellos está capacitado para captar: la intención comunicativa de quienes

Chapter I: Challenges of the Twenty First Century

The challenges of the new millennium imply preparing students at the university level. Currently, the majority of the student population is able to enjoy advances in science and technology. These resources permit sending messages and communicating with people from different cultures, many times without the need to hire translators. This last innovation is thanks to translation programs on the web, which have become highly used tools, given that they offer an immediate solution gracias, in spite of frequent errors.

Many sectors of the population deem this resource convenient and adequate for the task at hand. They don't need anything else to maintain a temporary informative link to persons from other cultures. The majority of cases deal with links that do not require a high competency in foreign languages. But, on the other hand, over the last few decades, other groups have emerged that advocate the properties of these programs, even declaring that it's not even necessary to learn other languages. They proclaim that learning another languages is a banal, obsolete task that takes time away from time and resources. The defenders of this verdict suggest that it is better to equip oneself with first-rate translation programs that are practical, precise and reliable. In my opinion, I don't deny that such programs are relatively precise. I don't doubt that they are designed to translate words, and even sentences, with amazing precision. But there is still something that they have not managed to master. None of them equipped to grasp the communicative intent of the sender. And far from resolving communicative barriers, in many cases it

emiten un mensaje. Y, esto lejos de solucionar las barreras comunicativas, en muchas ocasiones, ha creado complicaciones innecesarias, que inician desde un mal entendido, hasta la ruptura de una amistad o de relaciones profesionales.

No se debe perder de vista que hablar un idioma extranjero implica conocer un contexto, una cultura, e incluso un mundo gobernado por cosmovisiones, temporalidades, ideologías y rituales comunicativos diferentes que siempre influyen en las relaciones interpersonales. No basta, por tanto, saber cómo se dice una palabra en un idioma extranjero. Es necesario, intentar conocer las riquezas de otros mundos, para sostener relaciones interculturales sólidas.

De acuerdo con el modelo socioeducativo de Gardner: "El aprendizaje de idiomas es diferente a cualquier otro, puesto que el alumno deberá adquirir destrezas y pautas de conducta que son características de otra comunidad (Gardner, 1985, en Alarcón, 2005).

En tal sentido, se hace énfasis en que el aprendizaje de una lengua está íntimamente relacionado con la cultura. Este aprendizaje involucra una dimensión social. Si no se toma en cuenta este componente, todo contacto de personas de diferentes culturas podría resultar frustrante, en la ruptura del acto comunicativo.

Aprender idiomas extranjeros es una tarea intelectual extendida en lo largo de la historia, pero actualmente, este cometido se pinta con un matiz diferente. Los retos contemporáneos nos impulsan a romper las fronteras culturales y a establecer formas de comunicación que posibiliten la construcción de alianzas internacionales estratégicas, necesarias para participar con garantías de éxito en un mundo globalizado.

has created unnecessary complications that begin with a misunderstanding, and lead to breaking up friendships and professional relationships.

One must not lose sight of the fact that speaking a foreign language implies contextual knowledge of a world governed by different temporalities, ideologies, rituals and weltanschauung that always influence interpersonal relationships. It's not enough to know how to say a word in a foreign language. It is necessary to discover the riches of other worlds, to sustain solid intercultural relationships. To give a couple of brief examples: What color roses do you give someone? Answer: White for friends, red for lovers, and yellow for the dead. Conclusion: Do not wear or give away anything yellow in El Salvador and other countries. The "Yellow Rose of Texas" sounds like a song about a zombie to Salvadorans and other Meso-Americans of Nahua ancestry. How many roses do you give your loved ones? It better be an odd number, because even numbers represent finality and are reserved only for the dead and those you wish dead. So don't order a dozen roses for your lover in Spain.

In accordance with Gardner's socio-educative model, "Learning languages is different for everyone, given that the student must acquire skills and rules of conduct characteristic of another community (Gardner, 1985, in Alarcón, 2005).

In this sense, it is emphatic that language learning is intimately related to culture. This learning involves a social dimension. If one does not take into account this component, all contact with people from other cultures may result in frustration or breakdown of the communicative act.

Learning foreign languages is an intellectual task that has endured throughout history, but currently, this act has been painted with another new brush. Contemporary communicative challenges impel us to

La evaluación y los nuevos modelos de aprendizaje:

Actualmente, los maestros de lenguas extranjeras a nivel mundial han incursionado en la implementación de metodologías y recursos para innovar la enseñanza. De igual manera, a nivel universitario muchos profesores han innovado sus cátedras, dejando atrás las metodologías unidireccionales y unívocas del pasado que reducían al estudiante a un papel pasivo.

No me cabe la menor duda de que en muchos países se está haciendo un esfuerzo por aplicar estrategias educativas diseñadas para responder a estos desafíos. En muchos países este impulso es notorio y es posible evidenciar importantes progresos, sobre todo, en las escuelas de educación básica. Los estudiantes se están beneficiando con la tenacidad de maestros de lenguas extranjeras quienes se han dado a la tarea de crear programas basados en enfoques innovadores, e incluso han creado estrategias para atender a la diversidad del aula.

Por otra parte, este cambio se puede apreciar de igual manera en el nivel universitario. Internacionalmente, las universidades han entrado o están entrando en esta sintonía. Muchos profesores están implementado nuevas estrategias educativas y han dejado atrás rutinas obsoletas como la repetición o casi "imitación" excesiva de sílabas, palabras, frases, sin que esto conllevase al desarrollo de una competencia comunicativa; confecciones de largos listados de palabras que, en sí mismo, no comunicaban un mensaje concreto; traducciones de palabras basadas en la fórmula conductista: "prueba-error", sin dejar a un lado el comentario: "si no escribió bien la palabra, usted no ha aprendido".

Es notable evidenciar que la mayoría ha dejado

break cultural barriers and establish forms of communication that make possible the construction of strategic international alliances, necessary to successfully participate in a globalize world.

Evaluation and New Models for Learning:

Currently, foreign language instructors have begun to implement methodologies and resources to innovate teaching. At the same time, at the university level, many professors have renovated their knowledge by leaving behind unidirectional and univocal methodologies of the past that reduced students to a passive role.

We don't have the slightest doubt that, in many countries, there are efforts to apply educative strategies designed to respond to these challenges. Many countries are famous for implementing this and have been able to note important progress, above all in elementary schools. Students are benefitting from the tenacity of foreign language teachers who have been delegated the task of creating programs based on innovation approaches, and have even created strategies for understanding diversity in the classroom. One of the authors experienced this in the Berlin U-Bahn when a German fifth-grade teacher unleashed her charges on him. They included an Angolan girl, with whom he practiced his Portuguese. All the students, without exception, spoke flawless English and were culturally aware of the American way of life.

This change may also be appreciated at the university level. At the international level, universities are harmonizing their programs. Many professors are implementing new educative strategies and have left behind obsolete routines such as the repetitive, excessive rote imitation of syllables, words, phrases, etc. without linking them to the development of a

atrás discursos unidireccionales fundamentados en sentencias dictatoriales. Y, en conjunto, los centros de formación superior han dejado atrás el antiguo precepto: "El profesor posee el conocimiento absoluto. Y sólo él puede "llenar" los cerebros de los estudiantes."

En el pasado se consideraba que el estudiante jugaba un papel pasivo. Pero en la actualidad, el estudiante es el protagonista y administrador de su propio aprendizaje, y aplicado a este caso, él es el principal responsable de adquirir una segunda lengua. Ahora más que nunca, los estudiantes están recibiendo apoyo de profesores entrenados tanto en los nuevos enfoques, como en el uso de la tecnología. Los estudiantes pueden tener acceso por su propia cuenta a plataformas y servicios online para este propósito.

Sin embargo, continua persistiendo un malestar general que se difunde afuera de las aulas, un reclamo general en cuanto a la efectividad de los programas de lenguas: "Mi hijo no aprendió español a pesar de haber cursado varios niveles" "Yo he pagado varios cursos de lenguas, pero no pude comunicarme con mis colegas extranjeros" "Mis hijos aprobaron con notas excelentes todos los cursos de lenguas extranjeras. Pero, en otra universidad los hicieron repetir, desde el principio. Sin duda, es culpa del profesor..."

Estas y otras expresiones son constantes a la hora de valorar el trabajo docente. Es triste comprobar que aún cuando los profesores se han esfrozado en innovar tanto el diseño de programas como las estrategias de enseñanza, estas quejas todavía persisten. Pero es todavía mucho más triste, comprobar que estos comentarios encierran una certeza: "Muchos estudiantes que finalizaron cursos de español, o de cualquier otra lengua, tienen dificultades para sostener una conversación básica en el idioma aprendido."

competency. These obsolete routines include memorizing vocabulary lists that, in and of themselves, do not communicate a concrete message, translations based on rote formulae of "test – error," rooted in the erroneous belief that "if students do not write the word correctly, they have not learned anything."

It's notable to see that the majority has left behind unidirectional discourses rooted in dictation. And, at the same time, that centers of higher education have surpassed the outmoded precept that "professors possess absolute knowledge and only they can fill the students' brains."

In olden days, it was believed that students played a passive role. But presently, students are viewed as protagonists and administrators of their own learning, and applied to this case, are responsible for acquiring another language. Now, more than ever, students are receiving help from professors trained in new approaches, such as the use of technology. Students can access online platforms, programs and services on their own for this purpose.

There persists, however, a general malaise spreading through classrooms, a general questioning of the effectiveness of language programs: "My son has not learned Spanish in spite of taking several courses," "I've paid for various courses, but I can't communicate with foreign colleagues," "My children passed all their foreign language courses with A's. But, at another university, they had to go back to the beginning. No doubt, it's the instructor's fault…"

This and other expressions are constant whenever the instructor evaluates students. It's sad to discover that even when professors have worked hard in innovating designs for programs and strategies for teaching that these complaints persist. But it's even sadder to discover that these commentaries revolve around a certain truth: "Many students who finish

Entonces, ¿en dónde radica el problema? ¿Será que los profesores necesitan trabajar con más intensidad? ¿Será que esto ocurre con estudiantes que no se enfocan en sus cursos? Antes de exponer nuestra aportación, nuestra tesis en torno a este tema, queremos aclarar que ni los estudiantes ni los profesores son culpables de tan inquietantes desenlaces. A pesar de los cambios curriculares, todavía persisten algunos elementos de un sistema educativo anterior; son los residuos de un sistema dictatorial e infructuoso que se niega a morir y que no está en sintonía con los desafíos y los cambios de la sociedad actual.

A pesar de los esfuerzos por el cambio, hemos dejado colar ese enemigo invisible, aparentemente inocuo, pero capaz de distorsionar el proyecto educativo desde la planificación de las bases:

La evaluación sumativa. Herencia de la escuela autoritaria.

Elementos distorsionadores de la "Vieja Escuela":

A nivel mundial se han producido cambios significativos en los programas de estudios, en la atención a la población estudiantil, en las estrategias de enseñanza. Pero los cambios sociales y económicos continúan exigiendo respuestas inmediatas a preguntas estratégicas sobre el sistema educativo a nivel superior.

A raíz de esto, se han realizado investigaciones financiadas por universidades. Esta investigaciones han aportado teorías que intentan dar luz a los problemas de aprendizaje que aún persisten a pesar de las innovaciones en el sistema educativo.

Los resultados tocan temas sensibles y difíciles de aceptar; diferentes estudios han demostrado que "la evaluación determina el aprendizaje de los estudiantes y no el currículum oficial" (Biggs, 2005, citado

Spanish courses, or those of any languages have difficulty in maintaining a basic conversation in the language studied."

Then, where do the roots of the problem lie? Could it be that professors need to work with greater intensity? Could it be that this happens to students who don't focus on their courses? Before expounding our contribution, our thesis in regard to this topic, we wish to make clear that neither professors nor students are guilty of such a preoccupying breakdown. In spite of changes in curricula, there still exist elements of the previous educative system, the remnants of a dictatorial and unfruitful system that refuses to die and is not in harmony with the challenges and changes of the present system.

In spite of efforts for change, we have let this invisible enemy filter through, apparently innocuous, but capable of distorting the educative project from the basis of planning. Above all, one must take care not to over-rely on summative evaluation, which is the inheritance of an authoritative school.

Distorting elements of the "Old School"

At the world level, there have been significant changes in educational programs, in regard to attention to the student body, in strategies. But social and economics changes keep demanding immediate answers to strategic questions regarding the educational system at the highest levels.

Because of this, there have been studies financed by universities. These investigations have contributed theories that attempt to illustrate learning problems that still persist, in spite of innovations in the educational system.

The results touch upon sensitive themes that are difficult to accept. Different studies have demon-

en Álvarez Valdivia, 2007).

Las investigaciones demuestran también que las innovaciones a nivel curricular se implementaron con gran éxito, pero que es difícil dejar atrás elementos de la vieja escuela: las dificultades de implementar una evaluación formativa. Ciertamente, aplicar una evaluación formativa implica la aceptación de una nueva postura de pensamiento, una transformación a nivel individual y un esfuerzo que requerirá de una cooperación colectiva de todos los involucrados en el proceso.

Pueden mencionarse también otros factores que afectan la calidad de los programas de lengua a nivel universitario. Las investigadoras Frodden, Restrepo y Maturana entre otros especialistas asociados a la fundación universitaria de estudios lingüísticos en Medellín, Colombia, citan en su investigación: "Evaluación de las lenguas extranjeras", los siguientes resultados:

a) "La poca claridad en las directrices de los programas, la escasa presencia de planeación y registros formales, las diferencias en el concepto de lengua, la presencia insuficiente de las cualidades de la evaluación" (Frodden, Restrepo & Maturana, 2004)

b) "La falta de consenso entre profesores y administradores" (Frodden, Restrepo & Maturana, 2004) y (Arias & Maturana, 2005).

c) "La confusión en los tipos de evaluación" (Arias & Maturana, 2005).

Falta de claridad:

Los afectados en este proceso son los estudiantes. Ellos perciben desde el principio, las incongruencias

strated that "the type of evaluation determines student learning and not the official curriculum" (Biggs, 2005, cit. Álvarez Valdivia, 2007).

The demonstrations also show that innovations at the curricular level are implemented with great success, but that it is difficult to leave behind elements of the old school, which consist of implementing assessment. Certainly, applying assessment implies the acceptance of a new way of thinking, a transformation at the individual level and an effort that would require a collective cooperation by all those involved in the process.

There are other factors that can be mentioned that affect the quality of language programs at the university level. Frodden, Restrepo and Maturana, among others, specialists associated with the University Foundation for Linguistics in Medellín, Colombia, cite in their investigation: Evaluation of foreign languages, the following results:

a) "Lack of clarity in program leadership, scarcity of planning and formal registry, differences in the concept of languages, insufficient quality of evaluation" (Frodden, Restrepo & Maturana, 2004)

b) "Lack of consensus among professors and administrators" (Frodden, Restrepo & Maturana, 2004) y (Arias & Maturana, 2005).

c) "Confusion regarding types of evaluation" (Arias & Maturana, 2005).

Lack of clarity:

Let's examine the first point, that related to: "Lack of clarity in program leadership, scarcity of planning and formal registry, differences in the concept of lan-

entre los mismos profesores y los administradores del departamento de Lenguas Extranjeras. Ellos son los primeros en evidenciar la poca o ninguna relación entre el programa planteado y el sistema evaluativo. Los estudiantes son los protagonistas del proceso de aprendizaje, pero si no logramos brindarles un servicio de calidad basado en procesos integradores y convincentes , entonces , no tendremos los resultados esperados.

Examinemos el punto "A" relacionado con esta problemática. Cuando se produce "la ausencia en las directrices en la escasa producción de registros formales y la presencia insuficiente de las cualidades de la evaluación."

De acuerdo a los resultados de investigaciones llevadas a cabo en Hispanoamérica y en centros de enseñanza de lenguas de otros continentes, este problema puede producirse, entre otros factores, debido a la ausencia de un trabajo en equipo. La ausencia de un banco informativo que contenga instrumentos evaluativos fundamentados en los nuevos enfoques educativos, registros de observación, planificaciones comunes, aplicación procedimental de la evaluación, registros cualitativos y cuantitativos del progreso de los estudiantes, las valoraciones de los profesores en cuanto a este proceso. Sin olvidar, sobre todo, los instrumentos evaluativos, basados en la fundamentación científica de los nuevos enfoques educativos, que servirán para "evaluar" nuestras propias "evaluaciones" y determinar: si cuanto hemos hecho es congruente y aplicable a las necesidades particulares de nuestra población estudiantil o es necesario hacer modificaciones en equipo, para producir progresos cualitativos; y, por ende, cuantitativos en los procesos de aprendizaje de lenguas extranjeras.

Otro factor determinante es la preferencia de es-

guages, insufficient quality of evaluation."

Those affected in this process are students. They perceive, from the very beginning, incongruences among the professors themselves and foreign language department heads. They are the first to notice the lack of relationship between the proposed program and the means of evaluation. Students are protagonists in the learning process. But if we do not extend a quality service based on integrated and convincing processes, then we will not have the awaited results.

Let's examine the point of relationship in regard to this problem. When there is "an absence of directives in the meager production of formal registries and an insufficient qualitative evaluation presence."

In accordance with the results of investigations carried out in Latin America and in foreign language schools on other continents, this problem may be produced, among other factors, by the lack of team effort. The absence of an information bank that contains evaluative tools based on new educational approaches, observational registers, common planning, procedural application of evaluation, quantitative and qualitative registers of student progress, reevaluation of professors in regard to this project. Without forgetting, above all, the evaluative tools based on the scientific foundations of new educational approaches that serve to evaluate our own evaluations and to determine if what we have done is congruent and applicable to the new particularities of new student population or if it is necessary to make team modifications, to produce qualitative progress and therefore, quantitative, in the processes of learning foreign languages.

Another determining factor is the preference for individual styles, or on occasion, manifest or hidden fears of sharing intellectual products with the rest of

tilos individualistas o en ocasiones, el temor manifiesto u oculto de compartir productos intelectuales con el resto del equipo docente. Pero mientras no optemos por el trabajo en equipo, mientras no creemos instrumentos valorativos diseñados científicamente en la fundamentación educativa, mientras no acordemos la mejor manera de aplicarlos como un equipo, mientras no nos reunamos para aplicar con respeto y pluralismo una crítica constructiva de nuestro trabajo, entonces será difícil visualizar si los programas están funcionando, si nuestro esfuerzo intelectual, económico e incluso espiritual están respondiendo efectivamente a las necesidades particulares de los estudiantes. Sabemos que hacer esto es un proceso difícil porque requiere no sólo de un esfuerzo adicional, sino también la participación abierta y respetuosa en diálogos orientados a examinar diversas concepciones, en ocasiones discrepantes sobre la enseñanza-aprendizaje de las lenguas. Pero el constructivismo nos enseña que nadie es conocedor de la verdad absoluta y que todos somos responsables de crear un conocimiento colectivo que apunte hacia un crecimiento educativo y social.

Los frutos recogidos en centros internacionales de enseñanza de lenguas extranjeras han mostrado que no basta con implementar programas cuidadosamente diseñados, no basta con implementarlos a través de estrategias innovadoras, si la evaluación formativa ha estado divorciada desde del inicio de todo el proceso, si los profesores no han dejado un espacio para valorar constantemente el producto del esfuerzo colectivo, los progresos o dificultades en cada etapa, entonces, el programa de lenguas extranjeras no tendrá garantías de éxito. El aprendizaje de lenguas extranjeras requerirá constantes altos en el camino para valorar, replantear y rediseñar nuevas estrategias para fortalecer y apoyar a los estudiantes

the instructional team. But along as we chose not to work as a team, as long as we fail to create scientifically designed evaluative instruments based on educational foundations, as long as we fail to agree on the best way to apply them as a team, as long as we fail to meet to apply constructive criticism with respect and pluralism, it will be difficult to discern whether or not programs are working, if our intellectual, economic and, even, spiritual efforts are responding effectively to the particular needs of students. We know that carrying this out is a difficult process because it involves open and respectful participation in dialogues oriented toward examining diverse concepts, with occasional discrepancies in regard to teaching and learning foreign languages. But Constructivism teaches that no one possesses the absolute truth and we are all responsible for creating a collective knowledge that seeks social and educational growth.

Collected results from international foreign language schools have shown that is not enough to implement carefully designed programs, not enough to implement them through innovative strategies, if the formative evaluation has been divorced from the start of the whole process, if professors have not left any space to constantly reevaluate the product of collective effort and progress, or lack thereof, at every step, then, foreign language programs will not have guarantees of success. Learning foreign languages will require checkpoints in the road for reevaluation, re-implanting and redesigning new strategies to strengthen and support students in a process as extensive and complex as life itself.

Lack of consensus:

The second point to be examined is "Lack of consensus among professors and administrators."

en un proceso tan extenso y complejo como la vida misma.

La falta de consenso entre profesores y administradores:

La falta de un consenso común entre los miembros de un departamento de lenguas puede comprender desde un simple contraste de ideas, hasta fundamentaciones teóricas que resultan contradictorias para los actuales enfoques educativos. Esto distorsiona el proceso desde las bases e impide los avances constructivos. Un claro ejemplo de esto es la diferencia en el "concepto de enseñanza". A pesar de los cambios en educación muchos mantienen la visión enciclopedista que considera al docente como "el transmisor de los conocimientos. Mientras, los estudiantes solo depositarios del conocimiento. Son meras "memorias que llenar."

Esto se contradice con las concepciones modernas quienes defienden la postura del docente como un guía que facilita el aprendizaje y convierte al estudiante en agente activo y responsable directo de sus propios procesos. Los defensores de esta postura optan por una evaluación continua, formativa, en la que se prefieren proyectos auténticos, el manejo y aplicación de rúbricas para evaluar -cualitativa y cuantitativamente- a los estudiantes. Esto requiere de un esfuerzo adicional. Los profesores que optan por esto invierten tiempo extra para observar, aconsejar, modelar y trabajar conjuntamente con los estudiantes en la implementación de estrategias que permitan modificar resultados antes de la fase final. Los estudiantes aprenden desde esta dinámica de trabajo.

Por otra parte, los profesores y administradores que defienden la postura enciclopedista optarán por una medición tradicional basada en pruebas de se-

The lack of consensus among foreign language department members may be understood as anything from a simple contrast of ideas to theoretical foundations contradictory to present day educational approaches. This distorts the process from the ground up and impedes constructive advances. In spite of changes in education, many maintain an encyclopedic panoptic vision that considers the instructor as the transmitter of knowledge. Meanwhile, students are only viewed as depositories of knowledge. These are nothing more than memories to fill.

This contradicts modern concepts that defend the role of the instructor as a guide who facilitates knowledge and converts the students into active and responsible agents of their own processes. Defenders of this position choose ongoing, formative assessment, which opts for authentic projects, management and application of rubrics to qualitatively and quantitatively evaluate students. This requires additional effort. Professors who chose this method invest extra time to observing, counseling, modeling and working together with students in implementing strategies that permit modifying results before the final phase. Students depend upon this work dynamic.

On the other hand, professors and administrators who defend the encyclopedic position, will opt for traditional mediation rooted in multiple choice quizzes, exams based on rote memory and other memory based mediation precisely designed to calculate memorized content. The old school refuses to die. Direct and indirect observations have demonstrated that even though these groups incorporate the most integral evaluative instruments, in their heart, they refuse to believe in the benefits of change; and at the slightest opportunity, they return to the old scales of mediation, a constant reminder of the world in which they were schooled. They measure in the same way

lección múltiple, exámenes memorísticos y otros recursos de medición diseñados precisamente para eso: calcular los contenidos memorizados. La vieja escuela se niega a morir. Observaciones directas e indirectas han demostrado que aunque estos grupos incorporen instrumentos evaluativos más integrales, en el fondo no creen en los beneficios del cambio; y, a la menor oportunidad, retornan a las antiguas escalas de medición, reminiscencia constante del mundo en el que fueron educados. Miden de la misma manera en que fueron medidos. Lo hacen porque esto representa la objetividad e imparcialidad. Para este tipo de administradores la mejor manera de mostrar objetividad consiste en: "Calificar." "Medir la memorización del estudiante."

Pero, ¿es esto el aprendizaje? ¿Reflejará esto el proceso conjunto? ¿Se trata esto de una evaluación propiamente dicha o adquiere un fin instrumental y administrativo?

Aunque los miembros del departamento de lenguas nieguen abiertamente estas contradicciones, éstas siempre se reflejarán en el estilo de trabajo. Los estudiantes son los primeros en advertir este problema.

La confusión en los tipos de evaluación:

Algunos enfoques contemporáneos plantean que la evaluación determina el aprendizaje. Advierten que el enfoque evaluativo seleccionado desencadenará la calidad e intensidad de todo aprendizaje. Desde el principio del curso los estudiantes se guiarán por los sistemas evaluativos y se centrarán en aquellos temas que los profesores enfaticen o den prioridad. Esto determinará la manera, el estilo y la intensidad de su propio desempeño. Los estudiantes leerán un syllabus y descubrirán que se aplicarán estrategias orientadas al desarrollo de competencias comunicativas y que todo el proceso estará cimentado en un

they were measured. They do so because this represents to them objectivity and impartiality. For this type of administrator, the best way to show objectivity consists in "qualifying" --"measuring student memorization."

But, is this learning? Does it reflect a joint process? Does it deal with a evaluation per se or does it acquire instrumental and administrative ends?

Although none of the foreign language department members manifest these and other contradictions openly, they are always reflected in the style of work. Students are the first to notice this problem.

Confusion among types of evaluation.

Some contemporary approaches maintain that evaluation determines learning. They advise that the evaluative approach unleashes the quality and intensity of all learning. From the beginning of the course, all students are guided by the course's evaluative systems and are centered in themes the professors emphasize or prioritize. This determines the manner, style and intensity of their own effort. Students read a syllabus and discover strategies oriented towards the development of communicative competencies and that every process is founded upon a Constructivist approach, in which they must work cooperatively in teams, and in which each team will resolve a cognitive problems attempting for use the language instructed. Students enjoy challenges. Students are conscious of the way they are evaluated and put out effort in every class. Like it or not, whether or not they profoundly understand the educational implications of the process, they will try because that is their role.

Let's look at counter-example. Finally, let's say, a few weeks before the course ends, they become aware that evaluative instruments will be reduced to a final exam with closed-ended answers. Then, students will question themselves why they have worked so much.

enfoque constructivista, por ello deberán trabajar cooperativamente en equipos, y cada equipo procurará resolver un problema cognoscitivo tratando de utilizar la lengua de aprendizaje. Al estudiante le gustan los retos. El estudiante estará consciente de la manera en que será evaluado y se esforzará en cada clase. Puede disfrutarlo o no, puede ser que comprenda a profundidad las implicaciones educativas del proceso o no, pero se esforzará porque ese es su rol.

Miremos un contra-ejemplo de ese índole. Al final, digamos, unas semanas antes de que el curso termine, se da cuenta de que los instrumentos evaluativos se reducirán a un examen final de respuestas cerradas. Entonces, el estudiante se planteará a sí mismo por qué trabajó tanto. Se preguntará a sí mismo por qué desperdició su tiempo en proyectos de clase inútiles, mismos que completó con entusiasmo y evidente calidad; pero al final, se da cuenta que nada de esto se reflejará en el examen. Aún así, desea buenos resultados. Y como se entera que el examen se basará en la traducción de un extenso vocabulario, entonces, el alumno decide memorizar todo intensamente, incluso una noche anterior a la prueba. Posiblemente, le preocupará que los resultados o notas le impidan avanzar en otros cursos de lengua extranjera. Posiblemente, experimentará una terrible frustración en cuanto al sistema evaluativo.

Ahora examinemos su nivel de aprendizaje: aunque se desempeñó eficientemente durante la clase, las actividades no estaban secuenciadas y enlazadas en un proceso fundamentado teórica e, integralmente, a fin de apuntar hacia el desarrollo de competencias comunicativas. Eran solo actividades sueltas. Por otra parte, el estudiante tampoco recibió modelos de extensión estratégica para que tuviese la oportunidad de aplicar lo aprendido en otros contextos o situaciones comunicativas. Adicionalmente, por otra parte, hizo todo lo posible por memorizar un listado de palabras sueltas, posiblemente torturó su memoria durante horas hasta sentir que estaba

They will ask themselves why they wasted their time on useless class projects completed with evident enthusiasm and quality, but finally they understand that none of this is reflected in the exam. Even so, they want excellent results. And that's how they find out that the exam is rooted in the tradition of extensive vocabulary. And so, students decide to memorize everything in depth, even cramming the night before the exam. They will possibly worry about the results or grades impeding their progress in other foreign language courses. They will possibly experience terrible frustration in regard to the evaluative system.

Now, let's examine their level of learning: even though they work efficiently throughout the course, activities were not sequenced and tied to an integrally theoretical grounded process aimed towards the development of communicative competencies. There were only discrete activities.

On the other hand, students did not receive models of a strategic nature so they could have the opportunity of applying learned material to other communicative contexts or situations. On the other hand, they did everything possible to memorize a list of discrete words, torturing their memory for hours until they felt ready. But a few hours after the exam, they will forget fifty percent of what they have memorized, the following day, twenty percent, and gradually what remains will disappear if there is no feedback. But the semester has ended, they need to enjoy their vacation or perhaps get a job, which hinders them from dedicating time to learning foreign languages.

With luck, the verdict of the exam will permit them to go on to the next level. And since they have learned in the previous class that "it's not necessary to sacrifice yourself carrying out class projects or activities, their progress will be overturned by memory-based testing."

This confusion, in regard to evaluative systems, provokes catastrophic failure from the ground up. No curriculum will work adequately if it does not take into account evaluation as a fundamental pillar of

listo. Pero unas horas después del examen olvidará el 50% de lo memorizado; al siguiente día, otro 20%; y, gradualmente, lo retenido desaparecerá si no hay retroalimentación. Pero el semestre ha terminado y necesita disfrutar sus vacaciones, o posiblemente, conseguirá un empleo que le impedirá dedicar tiempo al aprendizaje de la lengua extranjera.

Con suerte, el veredicto del examen le permitirá continuar otros niveles. Y, como ya aprendió anteriormente: "no es necesario que se sacrifique por la realización de proyectos o actividades de clase, si al final, su promoción estará determinada por una prueba memorística."

Esta confusión, en cuanto a los sistemas evaluativos, provoca una falla catastrófica desde las bases. La evaluación de las lenguas extranjeras es un tema relegado a un segundo plano. Toda innovación educativa se convierte en "receta de sabor exótico," sino cuenta con una fundamentación teórica que lo sustente. Todo currículum que carezca de una evaluación congruente o que no esté suficientemente fundamentado en los nuevos enfoques educativos no dará los frutos esperados y arrojará resultados pobres en el objetivo fundamental de todo quehacer docente: el aprendizaje de los estudiantes.

En vano, nosotros buscaremos "a los culpables", "a los desencadenantes del despilfarro intelectual y económico" que siempre representa la implementación de un currículum innovador. En vano, buscaremos a los culpables entre el equipo de profesores, de administradores y de otros colaboradores, cuando el origen se originó desde las bases: el divorcio entre el currículum y el sistema evaluativo o la incongruencia entre la implementación del currículum y el tipo de evaluación.

the learning process. Foreign language evaluation is a theme relegated to the second step. All educative innovations become a "recipe of exotic flavors," if it only takes into account the fundamental theory that sustains it. All curricula lacking a congruent evaluation, as well as those not sufficiently grounded in new educative approaches, will not generate expected results and will yield poor results in regards to the fundamental objective of all instructional tasks: student learning.

We seek "the guilty" in vain, the "agents of intellectual and economical ruin" that always accompany the implementation of innovative curricula. In vain, we seek the guilty among the team of professors, administrators and other collaborators, when it is introduced at the base: the divorce between curriculum and the evaluative system, or the incongruence between curriculum implementation and evaluative systems.

CAPÍTULO II: El papel de la cultura en cuanto al aprendizaje de lenguas

Evaluación formativa y evaluación sumativa de la cultura:

La evaluación formativa, tanto como la evaluación sumativa, forman parte del proceso de aprendizaje. La evaluación formativa es una herramienta diagnóstica que nos permite visualizar desde el principio la situación de los estudiantes. Se trata de una valoración cualitativa del desempeño que aporta orientación sobre cómo los estudiantes pueden modificar sus propio procesos. Esto permite que el estudiante se convierta en un aprendedor independiente, capaz de evaluarse a sí mismo, capaz de reflexionar y autocorregirse a partir de los resultados que la misma evaluación le va suministrando. La evaluación sumativa es el resultado final. Es la emisión de una letra o número que representa la valoración cuantitativa del desempeño.

Debemos aclarar que nosotros no estamos en contra de la evaluación sumativa. No se trata de eso. Nosotros estamos en contra de una evaluación que se reduzca exclusivamente a una calculación. Nos pronunciamos en contra de un proceso que no se basa en los conocimientos significativos, que silencia la voz del estudiante y que niega su participación activa en el proceso de evaluación.

Los teóricos de la educación destacan tres características importantes de este proceso evaluativo: social-cooperativo, auténtico y valorativo. Estos elementos se cumplen si están relacionados con el cu-rrículum y se manifiestan en el quehacer auténtico y cooperativo de los estudiantes quienes pueden lograr al final, el desarrollo de sus propias competencias. Algunos teóricos prefieren evadir la palabra "evaluación" y prefieren llamarlo "valoración continua" o "valoración formativa": "Formative assessment is an essential component of classroom work and its

Chapter II: The Role of Culture in Language Learning

Assessment and Summative Evaluation of Culture:

Assessment and summative evaluation both play a role in the learning process. Assessment is a diagnostic took that permits us to visualize student perspectives from the outset. It deals with a qualitative reevaluation of work that guides students on how to modify their own progress. This permits students to become independent learners, capable cf evaluating themselves, able to reflect and correct themselves based on results administered from the evaluation itself. Summative evaluation is the final result. It is the assignment of a letter or number that represents the quantitative reevaluation of student efforts.

We must make clear that we are not against summative evaluation. This is not the problem. We are against an evaluation that is merely reduced to a calculation, to a process not based on significant knowledge, that silences the student's voice, and which denies active participation in the learning process.

Educational theorists point to three important characteristics of this evaluative process: social cooperation, authenticity and evaluation. These goals are met if they are related to the curriculum and if they are manifested in the authentic and cooperative labor of students who, in the end, can achieve the development of their own competencies. "Formative assessment is an essential component of classroom work and its development can raise standards of achievement (Black & Wiliam, 1998).

The Cultural Component in Foreign Language Programs:

The cultural component in Foreign Language pro-

development can raise standards of achievement (La evaluación formativa es un componente esencial de trabajo en la aula y su desarrollo puede alzar los estándares de aprendizaje" (Black & Wiliam, 1998).

El componente cultural en los programas de lenguas:

Este componente no se ha trabajado apropiadamente en los programas de lenguas extranjeras. Por lo general, hasta en los libros contemporáneos, sirve de adorno o un tipo de distracción que no ofrece ningún enlace con el programa de aprendizaje de la lengua. Generalmente, los libros ofrecen viñetas discretas, individualizadas y descontextualizadas. Carecen de calidad íntegra y realmente, no ofrecen ningún aporte en cuanto al aprendizaje.

La evaluación de elementos culturales suele ser sumativa y concebida desde una perspectiva autoritaria. Por otra parte, los temas de cultura ocupan un segundo plano, en la práctica, muchos ni siquiera los examinan; pero cuando son incorporados, aparecen en forma de preguntas discretas y cerradas, en lugar de presentaciones o ensayos abiertos. Para una evaluación formativa y justa, los elementos culturales deben ser completamente integrados al aprendizaje comunicativo y examinados de una forma abierta y democrática.

En la mayoría de los casos, estos temas no representan la cultura latinoamericana, sino una "orientalización," un término utilizado por el crítico Edward Said, para referirse al uso de estereotipos exóticos de índole literario o seudo-científico de culturas ajenas o grupos minoritarios. Casi nunca exploran las realidades socio-económicas y culturales de España e Hispanoamérica. En la mayoría de los casos, se concentran en lo espectacular, en fenómenos poco comunes, en el uso de modales y slang, que tienden a ser muy regionales. En muchos casos, la presentación de modales y slang puede causar problemas para los estudiantes.

Para dar un ejemplo, en los Estados Unidos muchos libros de español mantienen tan sólo mexi-

grams has not been adequately developed. In general, even in contemporary textbooks, it serves as an adornment or distraction divorced from the language learning process. Textbooks generally offer discrete, decontextualized vignettes that lack integral quality and really add nothing to learning per se.

Evaluation of cultural elements tends to be summative and conceived from an authoritarian perspective. In addition, cultural themes occupy a lower plane. In practice, most instructor don't even test for them. But when they are incorporated, they appear in the form of discrete, closed ended questions, instead of open-ended presentations or essays. For a formative and just evaluation, cultural elements must be completely integrated into the communicative learning process and examined in an open and democratic manner.

Most Spanish textbooks, for example, present themes that do not truly represent Latin American culture, but rather offer an "orientalization," a term developed by the critical theorist Edward Said, to refer to exotic stereotypes of a literary or pseudo-scientific nature that are applied to foreign cultures or disenfranchised groups. They almost never explore the true cultural and social-economic realities of Spain and Latin America. In most cases, they concentrate on spectacle, on the unusual, or on customs and slang, which tend to be very regional. In many cases, half-baked presentations of slang and customs can cause problems for students.

Let's look at an example. In the United States, Spanish books tend to concentrate on Mexicanisms whenever presenting slang and customs. Most Latin Americans are familiar with the most common Mexicanisms, given that Mexico has the largest Spanish-speaking population and is the most important center for television and film in Latin America. But it does not represent all of the Spanish-speaking world.

canismos en cuanto a las presentaciones de slang y cultura popular. Ahora bien, casi todos los hispanos están familiarizados con los mexicanismos más comunes, dado que México es el país con la población más grande en el mundo hispano y el centro más importante de televisión y cine en esta región. Pero no representa todo el mundo hispanoparlante.

Para dar un ejemplo, existe un libro con una viñeta sobre la palabra y el concepto de cuates. Es una palabra que anteriormente se utilizaba para "gemelos," que también constituyó una de las aceptaciones en la lengua náhuatl de su raíz, la palabra coatl, "culebra, gemelo, etc." Los autores explican que los cuates son "amigos íntimos." Eso es correcto y es algo que se sabe en todo el mundo hispánico, gracias a las viejas películas mexicanas. Pero hoy en día, en México y algunos otros países, la palabra cuates ha adquirido una nueva connotación: hace referencia a las partes íntimas del cuerpo que vienen en pares, sobre todo los testículos, y a veces, los senos femeninos. También se usa para hablar de parejas gay. Imagínese si un pobre estudiante norteamericano en México pregunta a un mexicano si es su cuate. Algo así podría llevar a problemas innecesarios de rechazo e incomunicación total. Esos son problemas que tendrán un efecto nocivo si estos estudiantes llegan a ejercer sus primeros trabajos como intérpretes. Se supone que los estamos preparando para que se desempeñen profesionalmente en el mercado global. También pueden generarse otros problemas de interpretación si el estudiante escucha expresiones como: "Es un dolor en los cuates." Hay demasiados errores de este índole. No podemos trabajar el tema de cultura si nos enfocamos en un vocabulario descontextualizado. Debemos enseñar a los alumnos a pensar en la lengua.

La pobreza, la falta de actualización y la descontextualización de los temas culturales se deben a que representan una posición autoritaria: sólo se puede hablar de los temas que venden una imagen positiva, que no tocan la dura realidad latinoamericana, tales

Continuing our example, there exists a certain textbook with a vignette on the word and concept of cuates. It's a word that was formerly only used to mean "twins," which is one of its meanings of its Nahuatl root, the word coatl, "snake, twin, etc." The authors explain cuates are "best friend." This is correct, although a bit antiquated, and is generally known in the Hispanic world, thanks to old Mexican movies. But in contemporary Mexico and some other countries, it has acquired a new connotation referring to intimate body parts such as testicles and, occasionally, female breasts. It is now more often used to refer to established gay couples. Imagine the poor student from the United States who asks a Mexican if he is his cuate. His could lead to unnecessary problems of rejection or total lack of communication –or to an unexpected lasting relationship.

These are problems that can have a harmful effect on students working as interpreters for the first time. We are preparing them to work professionally in a global market. The aforementioned word can also cause other problems in communication if the student hears expressions such as "Es un dolor en los cuates." There are too many errors of this type. We cannot embark on teaching culture if we only focus on decontextualized vocabulary. We must teach students to think in the language.

Paucity, antiquation and decontextualization of cultural themes are due to authoritarian positions. Only topics that present either an "orientalization" or an up-beat image may be spoken of –those that avoid mention of harsh Latin American realities such as poverty, discrimination, marginalization and injustice. There is much to hide. Authoritarian systems create taxonomies and determine what the world should know about Hispanic culture. But this impedes communicative teaching because it represents a barrier that distracts students and leads them

como pobreza, discriminación, marginalidad, injusticia. Hay muchas cosas que esconder. Los sistemas autoritarios dosifican y determinan lo que el mundo debe conocer por cultura hispana. Pero esto impide la enseñanza comunicativa porque representa una barrera que distrae a los alumnos y que los conducen a pistas falsas. Al final, no los estamos preparando para que desarrollen competencias comunicativas interculturales y reales.

¿Qué podemos hacer ante esto? Si el texto no ofrece ejemplos auténticos, adecuados y pertinentes de la cultura hispánica para estimular la comunicación, sería mucho mejor enviar a los estudiantes a investigar la cultura hispánica a través de estrategias de extensión y el uso de la tecnología. Por su propia cuenta ellos pueden documentarse en la red informática y presentar esa información en el aula, en conexión con el aprendizaje comunicativo.

Hacia una evaluación abierta, pertinente y democrática de la cultura:

No hay campo en el aprendizaje de lenguas para la examinación de elementos discretos que no aporten nada a la comunicación. El estudio de elementos culturales discretos es una función de la antropología y la sociología, no de la enseñanza de lenguas –al igual que la presentación de elementos discretos gramáticos y léxicos pertenece a la lingüística.

Claro que existen lenguas, como el latín, el griego clásico, el ge'ez, el árabe coránico, el náhuatl clásico y el sánscrito, etc. -las así llamadas "lenguas muertas," que ya no cambian y que representan culturas que ya no existen. Pero hasta en estas lenguas hay campo para mayor investigación y discusión en el aula, ya que siempre hay nuevos descubrimientos e interpretaciones lingüísticas y culturales para demostrar cómo esas "lenguas muertas" enriquecieron al mundo contemporáneo y siguen dialogando con el mundo moderno.

Hasta las "lenguas artificiales" tienen su cultura e

down false paths. And so, we fail to prepare them for developing true, intercultural, communicative competencies.

What can be done in regard to this? If the textbook fails to offer authentic, adequate and pertinent examples of Hispanic culture to stimulated conversation, it is much better to assign students to investigate Hispanic culture through strategies such as study abroad and use of technology. They can investigate for themselves on the web and present this information in the classroom, in connection with communicative learning.

Towards Open, Pertinent and Democratic Cultural Evaluation:

There is no place in Foreign Language learning for the examination of discrete elements that add nothing to communication. The study of discrete cultural elements is a function of Anthropology and Sociology, not Foreign Language learning –in the same vein that presentations of discrete grammatical elements and lexicon belongs to Linguistics.

There exist, of course, languages such as Latin, Classic Greek, Ge'ez, Qur'anic Arabic, Classical Nahuatl, Sanskrit, etc. –so-called "dead languages," that no longer change and represent cultures that no longer exist. But even in those languages there is room for more in-depth investigation and classroom discussion, since there are always new discoveries and linguistic interpretations demonstrating how these "dead languages" enriched other cultures and continue to dialogue with the contemporary world.

Even "artificial languages" have their own culture and history. To offer an example, Esperanto was developed as an effort by Eastern European Jews who wished to end their cultural and economic isolation from the larger Christian society. They were sup-

historia. Para dar un ejemplo, el esperanto fue fundado en un esfuerzo de los judíos de la Europa Oriental que deseaban terminar su aislamiento del mundo mayor y promovido por otros que querían poner fin a las luchas entre etnias de la región. Claro que, por ser basado en el latín simplificado, mezclado con palabras germánicas y eslavas, el esperanto era netamente eurocéntrico. Después, fue acogido por grupos democráticos y aborrecido por los autoritarios –por ejemplo, Hitler y Stalin. Después de la hegemonía global de los Estados Unidos como superpotencia y el auge del inglés como la lengua global preeminente, se convirtió en una curiosidad para aficionados de lenguas y un tópico para lingüistas.

La importancia de trabajar adecuadamente este componente reside en el hecho que el español, como miles de otras lenguas, es un ser viviente, de acuerdo a las ideas de Humberto Maturana y Francisco Varela, los cuales postularon que cualquier sistema de comunicación activa está dotado de vida. Las posiciones autoritarias reducen el español a una "lengua muerta" o "artificial." Las presentaciones estereotipadas sobre los hispanos los reducen a meros sujetos de laboratorio o de curiosidad mórbida. Debemos reflexionar sobre los efectos negativos de esto. Es posible que esta representación estereotipada haya sido tolerada hasta hoy por la misma comunidad hispana que todavía no se ha consolidado en su máximo desarrollo económico. Pero puede significar una barrera que dañe las relaciones comerciales e intelectuales cuando el mercado global abra sus fronteras. En América Latina, existen comunidades intelectuales bastante fuertes. A pesar de la pobreza de algunas regiones, se han consolidado verdaderos baluartes de producción artística y cultural. Pero esto se oculta en los textos. Y esto es algo que debe ser tomado en cuenta para superar barreras culturales: la aceptación del otro... la verdadera riqueza del otro. Es de vital importancia para una comunicación intercultural efectiva.

Hay que explorar, dentro de un contexto comuni-

ported by others who saw Esperanto as a means of ending internecine strife in the region via a common language. Esperanto, of course, which was based simplified Latin sprinkled with Germanic and Slavic words, was genuinely Eurocentric. Later, it was espoused by democratic groups and abhorred by authoritarians. Both Hitler and Stalin were in agreement that it should be eradicated. After World War II and the subsequent hegemony of the United States, which lead to the rise of English as the predominant world language, Esperanto was reduced to a curiosity for language aficionados and linguists.

The importance of adequately dealing with culture resides in that fact Spanish, for example, like thousands of other languages, is a living being, in accordance with the ideas of Humberto Maturana and Francisco Varela, who postulated that any system of active communication is endowed with life. Authoritarian positions reduce Spanish and other languages to "dead" or "artificial" languages. Stereotyped presentations of Hispanics reduce them to mere laboratory subjects or objects of morbid curiosity. We must reflect on their negative effects. It is possible that stereotypical representations have been tolerated by the Hispanic community itself, even well into the present day, which still has not achieved its potential of economic development. But this signifies a barrier that harms commercial and intellectual relationships as the global market opens its boundaries.

In Latin America, there are strong and solid intellectual communities. In spite of abject poverty in some regions, in Latin America true bastions of cultural and artistic production have been consolidated. But this tends to be ignored in textbooks. And it is something that must be taken into account in order to surpass cultural barriers: the acceptance of the other... the appreciation of the true worth of the other. This is of vital importance for effective intercultural

cativo y democrático, las culturas vivas en las que existen más de quinientos millones de seres humanos. Debemos destacar que, al igual que en Estados Unidos y Europa, existen muchas culturas y subculturas regionales. De hecho, Hispanoamérica es una de las regiones de mayor riqueza cultural del mundo.

Claro que existe una cultura común e internacional que comparten los hispanos, la que se encuentra sobre todo en los vehículos de comunicación masiva. Claro que esa cultura inter-hispánica ha reducido diferencias lingüísticas y culturales entre países hispánicos al punto que, en muchos países, los regionalismos están, principalmente, relegados al campo y al proletariado urbano –y aun ahí, hay presiones para sólo utilizar el español estándar para avanzar en el trabajo y salir de la pobreza, las mismas presiones que experimentan los grupos pobres, regionales y minoritarios en los Estados Unidos. De hecho, hoy en día, para la mayoría de la población, las diferencias entre las formas regionales del español son menores que las del inglés estadounidense. La televisión, el cine y la radio han sido estandarizados, en términos lingüísticos, casi por completo.

Los acentos y palabras regionales, sin embargo, perduran al nivel local e individual, sobre todo, para designar fenómenos locales como slang, comida, cultura popular, flora y fauna, y geografía –elementos que varían significativamente de lugar en lugar. Mucha de esa información es bien conocida al nivel inter-hispano, gracias a la comunicación masiva internacional y al movimiento y comercio entre países, elementos que introducen las culturas extranjeras a otros países. De este modo, la cultura no sólo vive, también es un proceso de cambio. Por tanto, tenemos que introducir la cultura desde una perspectiva viva, abierta y democrática y no desde un punto de vista muerto, cerrado y autoritario.

communication.

One must explore, within the communicative and democratic context, the living cultures of more than five hundred million people in the Spanish-speaking world. One must point out that, just as in Europe and the United States, there exist many regional cultures and subcultures. Indeed, Latin America is one of the richest regions of the world in terms of cultural wealth.

There exists, of course, a common international culture shared by Hispanics, which is generally fomented in the mass media. This Inter-Hispanic culture has reduced cultural and linguistic differences among Hispanic countries to the point that, in many countries, regionalisms are principally relegated to the rural poor and the urban proletariat, or as part and parcel of local flavor –and even there, there exist strong pressures to only use standard Spanish in order to advance in the workplace and escape poverty. These are the same pressures that poor, regional and minority groups experience in Europe and the United States. At present, for the most of the population, Hispanic regionalisms are less diverse than those of American English. Movies, television, pop music, travel and immigration have done much to standardize the language and everyday culture.

Regional accents and words, however, survive at the local and individual level, above all in local phenomena such as slang, food, folklore, flora and fauna, and geography –elements that vary significantly from place to place. Much of this information is well known at the Inter-Hispanic level, thanks to international mass media and movement and commerce between countries. These elements are often introduced to other countries. In this manner, language and culture not only live, but are always changing. For that reason, we must introduce culture from a living, open and democratic perspective rather from a dead, closed and authoritarian point of view.

Capítulo III: Evaluación, un producto social y político

La evaluación formativa en su máxima esencia puede formar ciudadanos dotados con razonamiento analítico, con motivación de logro, responsabilidad social; y, sobre todo, un pensamiento crítico cimentado en valores éticos. Esto significa un arduo y prolongado trabajo; pero al final del camino, los estudiantes estarán capacitados para participar, con todas sus competencias adquiridas, en plataformas de ciudadanía democrática y en otros contextos sociales que necesitan una transformación urgente.

Esto requiere de cambios. Pero para que esto se logre tanto el rol del docente como el del estudiante deberán cambiar. Y ambos deberán avanzar sobre un sendero abierto, crítico, cooperativo y pluralista que posibilitará los avances hacia una transformación cultural y humana.

La historia mundial nos revela cómo el sistema educativo ha estado siempre al servicio de los intereses sociales y políticos del momento. La educación ha servido como un instrumento de estos intereses, ya que es una forma indirecta y eficaz de mantener el status quo y formar nuevas generaciones de ciudadanos que apoyen el proyecto social. Este es un tema bastante sensible, pero evidente a lo largo de la historia.

Como educadores debemos estar conscientes de este tema: conocer cómo los nuevos enfoques en la educación intentan perfilar a las siguientes generaciones de ciudadanos. Y, esto no es del todo negativo si nos centramos en los beneficios culturales y económicos que los jóvenes pueden recibir. Pero como educadores debemos examinar, desde nuestra formación pedagógica, desde nuestro papel reflexivo, intelectual y comprometido, si en verdad todas las condiciones,-formativas, curriculares y administrativas-, se están cumpliendo para que esto ocurra. Pero, sobre todo, si los estudiantes, recibirán los beneficios

Chapter III: Evaluation, a Social and Political Product

At its best, assessment can form citizens endowed with analytical reasoning, goal-oriented motivation, social responsibility and, above all, critical thinking skills rooted in ethical values. This involves long, hard work but, at the end of the road, students will be prepared to participate, with their acquired competencies, as citizens of a democracy and in other contexts that require urgent transformation.

This requires change. In order to achieve this, the role of the instructor, as well as that of the student must change. Both must advance along an open, critical, cooperative and pluralistic path that makes advances toward cultural and human transformation possible.

World history shows how the educational system has always been at the service of prevailing social and political interests. Education has served as an instrument of these interests, given that it is an indirect and efficient means of maintaining the status quo and forming new generations of citizens that support the proffered social product. This has been a rather sensitive although evident, topic, throughout history.

As educators, we must be conscious of this theme –to learn how new approaches in education aim to profile new generations of citizens. This is not completely negative if we concentrate on the cultural and economic benefits youth will receive. But, as educators, we must examine, from the perspective of our pedagogical formation, from our reflective, intellectual and committed role, if all conditions, whether formative, curricular and administrative, truly comply for this to occur. But, above all, there is the question of whether or not students will receive the ben-

que se ofrecen.

Son planteamientos difíciles de responder, y como autores sabemos que necesitamos enriquecernos con otros aportes a fin de construir reflexiones colectivas que nos permitan valorar esta coyuntura desde diferentes perspectivas, y de esta manera, estaremos más aptos de crear estrategias adecuadas para los retos que esta situación plantea.

Para aportar un poco de luz queremos hacer un viaje en la historia y examinar cómo en el pasado, se aplicaban los sistemas evaluativos y cómo estos fueron determinados y modificados por circunstancias socio-políticas. La historia revela una constante, por lo general, en los pueblos regidos por gobiernos autoritarios, y por una economía de mercado fundamentalmente agraria, se creó una estructura de poder centralizada y altamente burocrática. La movilidad social era imposible y las personas con ideas progresistas que deseaban triunfar en otros rubros, constantemente, fueron frenadas ya que debía contar con el apoyo o la aprobación legal de las estructuras superiores. Los mecanismos de control impedían que se produjesen cambios radicales. En este tipo de sociedad, la organización educativa diseñada como una réplica del mismo sistema que se caracterizaba por ser: rígido, jerarquizado, represivo, metódico y sin transformación posible. A los estudiantes no se les permitía opinar libremente. Su trabajo consistía en escuchar, escribir y repetir los conocimientos que el docente transmitía directamente a sus cerebros. La participación del estudiante debía estar acorde con las estructuras rígidas de la clase. Una opinión contraria a las ideas convencionales arrastraba, ipso facto, sanciones represivas. En la escuela autoritaria, la voz del estudiante era reprimida porque el objetivo era formar ciudadanos "dóciles", "sumisos" "reproductivos" del sistema imperante. Por lo tanto, los conocimientos también eran limitados. Los estudiantes sólo necesitaban recibir una instrucción en las áreas básicas: las cuatro operaciones matemáticas, leer convencionalmente y escribir, o más bien, reproducir como un escriba de la antigüedad. La evaluación

efits promised.

These are difficult themes to answer and, as authors, we understand that we need to enrich ourselves with other contributions so we may construct collective reflections that permit us to examine this construct from different perspectives and, in this manner, be better prepared to create adequate strategies for the challenges this situation creates.

To add a bit of light on this, we must review history and examine how evaluative systems were applied into the past and how these were justified and modified by socio-political circumstances. History generally reveals a constant, among societies ruled by authoritarian governments, and in fundamentally agrarian market comprador economies, in that a structure of highly bureaucratic centralized power was created. Social mobility was virtually impossible and those with progressive ideas who wished to triumph in other areas were constantly blocked, since one needed help or legal social backing from higher structures. The mechanisms of control impeded radical change. In this type of society, educational organization was designed as a replica of the same system and was characterized as rigid, hierarchical, repressive, methodical and lacking possible transformation. Students were not permitted to express opinions freely. Their work consisted in listening, writing and repeating knowledge the instructor directly transmitted to their brains. Student participation was in accordance with the rigid structures of the classroom. Any opinion contrary to conventional ideas, in and of its self, brought repressive sanctions. In the authoritarian school, the student's voice was repressed because the objective was to form docile, submissive, repetitive students within the ruling system. Knowledge, therefore, was restricted. Students only needed to receive instruction in basic areas: the four basic math operations, basic reading and writing, or rather, how to reproduce received information

en esas escuelas era también cerrada y muchas veces, eran equivalentes a una especie de interrogatorio policial. Los exámenes escritos consistían en un vaciado de memoria. Los maestros podían examinar a los estudiantes, sin previo aviso. Era parte del entrenamiento. De repente, el docente iniciaba un examen conceptual : ¿Qué es un verbo? ¿Cuántas onzas tiene una libra? ¿Qué es un rectángulo? ¿Qué es un cuadrado? Si el estudiante no respondía apropiadamente, recibía una mala calificación sin posibilidades de apelación porque no era su derecho. La evaluación era incuestionable y verticalista. El único autorizado para evaluar era el docente, quien emitía su veredicto inalterable. Si el docente adjudicaba "F" o su equivalente numérico, nadie intervenía; esto equivalía a un "dogma de fe."

La escuela era básica en todos los niveles y no estaban enfocados en la formación de intelectuales, necesitaban tan sólo formar agricultores, artesanos y obreros útiles para la producción del sector económico imperante. Los estudios superiores estaban destinados para los sectores privilegiados, para la clase media y para algunos pobres quienes con ayuda de "padrinos" lograron finalizar una carrera universitaria. Pero todos ellos recibieron una educación autoritaria. La evaluación en las universidades era dura. Los exámenes finales eran orales. Los estudiantes debían defender una tesis en público ante un tribunal constituido por el cuerpo docente y administrativo. El veredicto del tribunal era inapelable. Una falla en la memoria o un exceso de nerviosismo podrían frustrar para siempre el destino de cualquier estudiante.

En la actualidad, no es sorprendente encontrar que en los sectores más empobrecidos de las zonas rurales de América Latina, los estudiantes continúan recibiendo una educación "bancaria". Los estudiantes escriben sólo para tener una buena caligrafía, e invierten horas en este propósito. Recitan de memoria las "tablas de multiplicar" y si no las olvidan, escriben cien veces o más los números que olvidaron, hasta que este conocimiento quede fijado en sus mentes.

like a scribe in antiquity –i.e. the "3 R's." Evaluation in these schools was also closed and, much of the time, was tantamount to a police interrogation. Written exams were based on rote memorization. Teachers could examine students without warning. It was part of the training. Suddenly, the instructor would begin a conceptual exam: "What is a verb?, How many ounce are there in a pound? What is a rectangle" What is a square?" If students did not respond adequately, they received bad grades without possibility of appeal because they had no right to do so. The evaluation was unquestionable and vertical. The only one authorized to evaluate was the instructor, who submitted an inalterable verdict. If the instructor assigned a failing grade, no one intervened in this "dogma of faith."

Schools were basic at every level and did not focus on the formation of intellectuals. They were required to train farmers, artisans and workers useful to the predominant economic sector. Higher studies were reserved for privileged sectors: the middle class and a few of the fortunate poor who were able to gain a university education thanks to the help of "godfathers." But they all received an authoritarian education. University education was harsh. Students had to defend a thesis in public before a tribunal made up of the teaching faculty and the administration. The tribunal's verdict was not subject to appeal. Any lapse in memory or excessive nervousness could forever quash the future of any student.

At present, it is not surprising to find that in the most impoverished rural zones of Latin America, students continue to receive the same education. Students practice writing only to improve their handwriting and invest hours in this endeavor. They recite multiplication tables by memory and if they forget, they write the forgotten numbers a hundred times, until this knowledge is implanted in their minds.

This, however, does not happen everywhere. Many

Sin embargo, esto no ocurre en todos los sectores. Muchos países latinoamericanos se han formado un cuerpo internacional común, con el respaldo de colaboradores europeos con el compromiso de transformar la educación. Desde el siglo recién pasado, se han consolidado notables cambios gracias a este esfuerzo y colaboración conjunta. Algunos sectores desfavorecidos están comenzando a recibir atención gracias a la valiosa intervención de especialistas, como el pedagogo brasileño Paulo Freire, Emilia Ferreiro y otros intelectuales que han orientado con éxito la implementación de enfoques educativos. Las escuelas están renovadas y prestan un servicio de calidad a los estudiantes. Pero esto no es para todos. Esa renovación no ha llegado todavía a las grandes mayorías desfavorecidas. La lucha continua. Algunos intelectuales se han unido para denunciar esta injusticia, que únicamente corresponde a los intereses de la clase dominante: "los cambios educativos no son para todos"

Otro punto importante a resaltar en el panorama histórico es que este intento de abandonar la evaluación sumativa, herencia de la educación autoritaria, no es algo nuevo. Desde la década del 70 han surgido un sinnúmero de reformas educativas a gran escala. Y para ejemplificar este punto, nos centraremos en los países latinoamericanos, en España y en algunas regiones de Europa. Los enfoques que fueron implementados en estos países a partir de los años 70 contenían un valioso aporte científico y estaban orientados a facilitar y mejorar el aprendizaje de los estudiantes. Desde entonces, se introdujo por primera vez el concepto de evaluación formativa o continua. Y desde entonces, afloraron estrategias para el aprendizaje integral de los estudiantes quienes incursionaron en una nueva dinámica de trabajo que les permitió expresarse y participar en una serie de actividades diseñadas para desarrollar las competencias comunicativas. Pero, también desde entonces, se introdujo, con un nuevo matiz, el enemigo que devaluó el proceso. Y nadie pudo detectar o frenar ese elemento distorsionador que cons-

Latin American countries have joined an international organization with the backing of European collaborators in their struggle to transform education. Since the previous century, notable changes have been consolidated thanks to this joint effort and collaboration. Some disfavored sectors have begun to receive attention thanks to the valuable intervention of specialists such as Paulo Freire, Emilia Ferreiro and other intellectuals who have successfully implemented educative approaches. Schools are being renovated and offer quality service to students. But this has not happened for everyone. This renovation has not yet reached the great disfavored majorities. The struggle continues. Some intellectuals have banded together to denounce this injustice, which uniquely corresponds to the interests of the dominant class: "educative changes are not for everyone."

Another important point to consider in the historic panorama is the effort to abandon summative evaluation, the inheritance of authoritarian education. This is nothing new. From the 1970s, a great number of educative reforms have emerged on a large scale. To exemplify that point, let's concentrate on Latin America, Spain and Europe. Foci implemented in these countries from the 1970s on contain a valuable scientific approach and are oriented toward facilitating and improving student learning. Since then, assessment was introduced for the first time. And since then, strategies for the integrated learning of students who embarked on a new work dynamic that lets them express themselves and participate in series of activities designed to develop communicative competencies have flourished. But, also since then, the enemy that debased the process has also emerged. And no one could detect or impede that distortive element that constitutes one of the central themes of our proposal. During those decades, continual evaluation was implemented. And this kept educational projects from advancing according to plan.

tituye uno de los temas centrales de nuestra propuesta. Durante esas décadas hubo una aplicación de la evaluación formativa. Y esto impidió que los proyectos educativos avanzaran de acuerdo con lo planificado.

En ese entonces, muchos interpretaron que evaluación formativa significaba evaluar continuamente y se multiplicaron exámenes cortos, exámenes orales, exámenes finales, -con diferentes nombres, si se quiere- pero todos estos "instrumentos" no tomaron en cuenta los componentes del aprendizaje en su conjunto, no valoraron sustancialmente el desarrollo de las competencias lectora, analítica, creativa; ni otras facetas de los estudiantes. Y, nuevamente, los instrumentos evaluativos fueron destinados a registrar: cuánto habían memorizado los estudiantes. Lo peor no fue esa parte. Lo peor sobrevenía cuando los gobiernos querían pruebas contundentes sobre los avances del proyecto educativo. Primeramente, la evaluación se convirtió en un mar de registros que fueron archivándose en documentos burocráticos, en oficinas diseñadas para examinar si los nuevos cu-rrículum se estaban cumpliendo. No conformes con esto, contrataron a "agentes" quienes se encargarían de evaluar presencialmente los centros educativos. La visita de estos agentes era denominada la inspección. Y todos temían a la inspección porque aparecía sin previo aviso, para examinar a los estudiantes. Si estos eran capaces de demostrar oralmente cuánto habían memorizado, entonces los agentes escribían que todo estaba bien. Y, esto significaba que los docentes eran buenos y estaban cumpliendo satisfactoriamente con su trabajo. Para los estudiantes estas inspecciones significaron una especie de tortura psicológica porque debían obtener buenos resultados. No recibían por esto una calificación cuantitativa, pero sí una fuerte presión ejercida por docentes, por administradores, a veces, por padres de familia e indirectamente, por los mismos inspectores. Los estudiantes fueron instrumentalizados para cumplir con las disposiciones burocráticas . Se les sometió a evaluaciones

Since then, many interpreted assessment as a series of continuous evaluation and quizzes, oral exams, final exams, with new name, if you wish, multiplied. But these instruments did not take into account learning components as a whole. They did not substantially appreciate the development of reading, analytical and creative development, nor other student facets. And once again, evaluative instruments were created with the aim of registering how much students had memorized. This was not the worst part. That occurred when governments demanded absolute proof regarding successes of the educative process.

First, evaluation became a sea of registers archived in bureaucratic documents, in offices designed to ascertain whether or not the new curricula were carried out. Not content with this, they contracted "agents" whom they put in charge of onsite school evaluation. Visits by these agents were called "inspection." Everyone feared inspection because it occurred without warning, in order to examine students, to ascertain if they were able to express orally what they had memorized. Then, if everything went well, the agents reported that everything was fine. And this meant that the instructors were good and satisfactorily complied with their work. For students, these inspections were a type of mental torture because they wanted good results. They did not receive a quantitative grade for this, but there was strong pressure applied by instructors, administrators and sometimes by family members, and indirectly by the inspectors themselves. Students were made tools for complying with bureaucratic dispositions. They were submitted to indirect evaluations to publicly demonstrate whether or not programs were working. Sadly, this also led to dirty tricks: firing professors who failed to join the union or those who had ideas contrary to the ruling system. If students showed little knowledge, it meant that professors did not do their work and, therefore,

indirectas para demostrar públicamente, si los programas estaban funcionando, y si la inversión millonaria de la reforma estaba dando resultados. Lamentablemente, también esto sirvió para justificar acciones sucias: despedir a un profesor que no formara parte de un sindicato o tuviera ideas políticas contrarias al sistema imperante. Si los estudiantes demostraban un escaso conocimiento, significaba entonces, que el profesor no estaba cumpliendo con su trabajo, por tanto, podía ser humillado públicamente, suspendido, y con seguridad sometido a una presión sistemática, hasta lograr que renunciara por "voluntad propia" o hasta minar un sendero con nuevas trampas, que condujeran a la destitución del profesor.

Y eso significó durante décadas la evaluación educativa. Los estudiantes no se beneficiaron con una cadena de reformas innovadoras que tan sólo quedaron a nivel teórico, pero que no lograron un impacto profundo y transformador en los sectores estudiantiles. Muchos recuerdan esos tristes eventos. Lamentablemente, no todos estuvieron conscientes de esos procesos educativos o de las estrategia política del momento. Pero por supuesto, se cumplió con la proyección planificada: ellos formaron, mayormente, obreros calificados capaces de manejar la tecnología y también una minoría de profesionales que cumplieran con el perfil de "servir", mecánicamente, sin mostrar un pensamiento crítico. Pero, aquellos que dieron un salto cualitativo e intentaron reformar el sistema, fueron silenciados con rigor.

Nosotros hemos tocado superficialmente estos puntos de la historia tan sólo para traer algo a reflexión: este problema puede repetirse. Con distintos matices e intensidad, pero puede repetirse.

Por otra parte, no debemos olvidar que como docentes estamos contribuyendo con la formación de nuevas generaciones de profesionales quienes deben cumplir con el perfil de competencias para la comunidad internacional del siglo XXI. El mercado global requerirá de profesionales entrenados para participar competitivamente en diversidad de áreas,

were publically humiliated, suspended and definitely subjected to systematic pressure, until they resigned "voluntarily" or until their career was destroyed though chicanery that led to their firing.

This affected the educational system for decades. Students did not benefit from a series of innovative reforms that only remained at the theoretical level that left no profound impact upon them. Many remember these sad events. Unfortunately, not all were aware of these educative processes or contemporary political strategy. But, of course, this fit into the planned projection –they mainly turned out qualified workers able to manage technology and also a small number of professionals who conformed to a service profile, without any critical sense. Those who expressed themselves intellectually and tried to reform the system were rigorously silenced.

We have superficially touched upon these historical points just to reflect. This problem can repeat itself: with different hues and brushstrokes, but it can occur again.

On the other hand, we must not forget that, as instructors, we are contributing to the formation of new generations of professional who will meet the profile of competencies for the international twenty first century community. The global market will require trained professionals to competitively participate in diverse areas, in different communicative situations, in different languages who must interact with people from different cultures. This market will be governed by its own rules and characteristics. It will be necessary to hire professionals at a higher intellectual level, with solid training in new technologies and in administrative areas. But, above all, it will be strategically important to be able to strengthen professional, professional an administrative alliances with people from all over the world. Many times, there is no opportunity to call in translators or professional cultural consultants. And what happens if one can-

en diferentes situaciones comunicativas, en diferentes idiomas y ellos deberán interactuar con personas de diferentes culturas. Este mercado estará regido por leyes y características particulares. Será necesaria la contratación de profesionales con mayor nivel intelectual, con un entrenamiento sólido en el uso de las nuevas tecnologías y en áreas administrativas. Pero, sobre todo, será de importancia estratégica que sea capaz de fortalecer alianzas profesionales, políticas y administrativas con personas de cualquier parte del mundo. A veces, no habrá oportunidad de llamar a traductores o a asesores expertos en culturas. ¿Y qué sucederá si no puede expresarse en otro idioma? o por el contrario, quizá pueda expresarse en otros idiomas, pero puede que no sea competente en el área de cultura; y de pronto, el nuevo profesional exprese ingenuamente, algo que constituye una ofensa para los valores y sentimientos de los representantes de otros países con quienes deberá cerrar un negocio.

¿Qué sucederá entonces? Y nuevamente, traemos a colación las mismas preguntas: ¿Cómo estamos evaluando? ¿Cómo estamos colaborando para que los estudiantes desarrollen sus competencias comunicativas? ¿Nuestra evaluación es formativa y es congruente con el currículum de lengua española?

Y sobre todo, ¿estamos dotando a los estudiantes de un pensamiento crítico y analítico que le permita visualizar el contexto social? ¿Estamos preparándolos para que ellos mismos puedan transformar su situación personal e incorporarse a una sociedad altamente competitiva? ¿Nuestra evaluación es integral y ayuda en el aprendizaje del idioma español? ¿Nuestra evaluación es integral o es autoritaria?

Sabemos que son temas sensibles. Pero también sabemos que es de vital importancia reflexionar sobre los mismos a fin de crear estrategias que nos permitan cumplir con este cometido y colaborar con la formación de profesionales bilingües, aptos para participar en diferentes situaciones comunicativas con miembros de otras culturas y con garantías de éxito.

not express oneself in another language? Or, on the other hand, professionals can express themselves fluently in another language, but are not competent in the area of culture and soon naively express something offensive to the values and feelings of the representatives of other countries with whom they must close a deal.

What happens then? And, once again, we return to the same questions: "How are we evaluating? How are we collaborating so students may develop communicative competencies? Is our evaluation formative and congruent with the teaching of foreign languages?"

And, above all, "Are we endowing students with critical, analytical thinking skills that permit them to visualize the social context? Are we preparing them so they themselves may transform their personal situation and incorporate themselves into a fundamentally competitive society? Is our evaluation integral and does it aid in learning another language? Is our evaluation integral or authoritarian?"

We know these are delicate topics. But we also know it is vitally important to reflect upon these themes with the goal of creating strategies that permit us to comply with this task and to collaborate in the formation of bilingual professionals with communicative competencies sufficient to successfully engage in different communicative situations with members of other cultures.

Capítulo IV: La evaluación formativa

De acuerdo a un consenso general puede definirse la evaluación formativa como aquellos procesos de valoración que incluyen los de autenticidad, formación, orientación como referentes e impulsores en el mejoramiento y crecimiento del aprendizaje. Esta evaluación sólo puede entenderse dentro de un proceso enseñanza-aprendizaje. Este es un espacio requerido para que los participantes -profesor-estudiantes- tengan la oportunidad de trabajar en forma reflexiva y coordinada sobre cómo se realiza el proceso.

Esta evaluación es auténtica porque se toman en cuenta los productos creados directamente por el estudiante. Estos productos están relacionados con las competencias comunicativas. Significa que el estudiante será guiado por el profesor. Recibirá el componente orientador del profesor y de otros compañeros quienes proporcionarán estrategias, técnicas, opiniones sobre cómo mejorar los productos de la clase. El estudiante aprende haciendo, se va formando a sí mismo y construyendo un conocimiento formativo, a través de la creación de sus propio proyectos: una conversación, un poema, una receta, etc. Todo dependerá del nivel del curso, del tiempo, y de otros factores relevantes para el caso; pero al final, será algo creado por su propio esfuerzo e intelecto. Un producto auténtico, que iniciará y crecerá dentro de la clase, bajo la orientación del profesor, y el aporte de los compañeros, hasta llegar a la conclusión del mismo.

Pero para que la evaluación formativa produzca los resultados esperados, tanto el rol del profesor como el rol del estudiante deberán cambiar.

El papel del profesor en la evaluación formativa:

El profesor deja atrás el papel autoritario y se convierte más bien en un guía que facilitará el camino

Chapter IV: Formative Evaluation or Assessment

According to general consensus, assessment may be defined as those processes of evaluation that include authenticity, formation, orientation toward referents and catalysts in the growth and improvement of knowledge. This evaluation may only be understood within a process of teaching and learning. This is a required space so the participants, students and teachers, may have the opportunity to work out how to achieve process goals in a reflexive and coordinated manner.

This evaluation is authentic because it takes into account products created directly by students. In terms of learning language, these products are related to communicative competencies. It means that students are guided by the professor. They receive orientation from the professor and classmates who provide strategies, techniques and opinions on how best to better class products. Students learn by doing, developing themselves and constructing a formative knowledge through the creation of their own projects: conversations, poems, recipes, etc. Everything depends on the course level, time and other factors relevant to the case, but in the end, it will be something created through their own effort and intellect. It will be an authentic product initiated and grown within the classroom, under the professor's guidance and classmate's support, until it reaches its conclusion.

In order for assessment to achieve the expected results, the role of professor, as well as that of student must change.

The Role of the Professor in Foreign Language Assessment:

hacia el aprendizaje de un nuevo idioma. El profesor realiza las funciones de asesor, estratega, modelador, mediador, evaluador democrático.

Ahora trataremos de explicar cada una de estas funciones aplicando ejemplos provenientes de las antiguas fases, de la educación autoritaria para aportar luz sobre la manera en que deben producirse estos cambios.

Papel estratega-evaluador-asesor: El profesor diagnostica desde el inicio del curso. Esa es su primera evaluación cualitativa. A partir de este conocimiento puede modificar lo ya planificado. Examina nuevamente si las técnicas y estrategias son viables para la diversidad en el aula. Examina si estas están basadas en fundamentaciones científicas y si son capaces de promover los objetivos del currículum. Su papel como evaluar no termina aquí, esta es sólo la primera fase.

Mencionamos ahora un ejemplo concreto: James y Sarah Jackson están inscritos en la clase español 1. El primer día, el profesor diagnostica los saberes previos. Los estudiantes en su mayoría manifiestan conocer palabras, saludos, etc. Otros estudiantes dicen que siempre miran programas televisivos en español, pero no recuerdan nada. Por otra parte, James dice que tiene amigos hispanos y que recuerda colores y saludos. Pero Sarah no recuerda nada en concreto, ni una sola palabra del español. Pero manifiesta que en su infancia tuvo unos vecinos hispanos y recibió clases de español en la primaria.

El profesor aplica el diagnóstico a través de la técnica: "despertar de los saberes previos." Registra todo eso para examinarlo con detenimiento antes de la próxima clase y continuará haciéndolo constantemente. Además, dice a los estudiantes, "Ustedes saben mucho más de lo que creen y les explica cómo utilizarán esos conocimientos para activarlos e incorporarlos en una nueva etapa de aprendizaje de lenguas." Explica que utilizarán estrategias de construcción colectiva. Los más avanzados, servirán como modelos para que otros alcancen nuevos niveles de

The professor leaves behind any authoritarian role and becomes more a guide or coach who facilitates learning in a new language. The professor carries out the roles of advisor, strategist, modeler, mediator and democratic evaluator.

Now we will attempt to explain each of these roles through examples that come from an earlier phase of education, that of authoritarian teaching, in order to shine a light on what these changes are able to produce.

Strategist-evaluator-advisor: Professors make diagnoses from the outset of the course. Thanks to this knowledge, planned activities can be modified. Professors reexamine techniques and strategies viable for diversity in the classroom. They examine whether or not these are based on scientific foundations and if they promote the objectives of the curriculum. Their role of evaluator does not end here. This is just the first step.

Let's mention a concrete example: James and Sarah Jackson are enrolled in Spanish I. The first day, the professor diagnoses their previous knowledge. Most students claim to know words, greeting, etc. Others say they always watch television in Spanish, but they don't remember anything. For his part, James says he has Hispanic friends and that he remembers colors and greetings. But Sarah doesn't remember anything concrete, not a single word of Spanish. But she claims that, as a child, she had Hispanic neighbors and received Spanish in elementary school.

Professors apply diagnosis through the technique of "awakening previous knowledge." They register all this in order to carefully examine it before the next class and will continue to do so everyday. They explain to students: "You know much more than you think and I'll explain to you how to use that knowledge, how to activate it and incorporate it into a new level of foreign language learning." They explain that

competencia comunicativa. El profesor ha observado que James conoce palabras sueltas y saludos pero todavía necesita trabajar un poco con la pronunciación. Sin embargo, James manifiesta un gran interés y una profunda admiración por la cultura hispana. Será porque tiene amigos y se infiere que ha tenido experiencias gratificantes con estas amistades. Esto servirá como estímulo para los avances. También anota que Sarah no recuerda absolutamente nada, pero el profesor le pide que repita las mismas palabras y frases que los otros estudiantes han expresado. Observa que Sarah tiene una pronunciación excelente. Aunque no recuerda nada en concreto ella conserva el ritmo, la entonación del idioma español. Algo que aprendió inconscientemente durante su infancia. Lo mismo observa en los estudiantes que constantemente escuchan música hispana o miran programas en español: Ellos no tienen muchas dificultades de pronunciación.

Como resultado de estas observaciones:

a) El profesor integrará grupos estratégicamente. Sarah y James trabajarán juntos porque cada uno posee conocimientos, destrezas y debilidades compatibles para hacer un andamiaje. El aplicará el andamiaje de Lev Vigotsky para alcanzar la zona del desarrollo próximo.

b) Diseñará actividades a partir de los conocimientos previos del grupo. No perderá el tiempo con repetir hasta el cansancio cómo se pronuncia el alfabeto, o cómo se pronuncia un determinado vocabulario. El profesor tomará las palabras que conocen, por ejemplo, "hola, "tarde", "amigo", entre otras para enlazarlas a la creación de textos orales significativos, como saludos entre amigos, en la empresa, presentaciones personales de carácter informal o formal, etc.

c) Papel mediador: el profesor trabajará, poco a poco, respetando los ritmos de aprendizaje y procurando

they will use models of collective construction. More advanced students will serve as models so others can reach new levels of communicative competency.

Meanwhile, the professor has noticed that James knows discrete words and greeting but still needs to work on pronunciation. James, however, shows great interest and deep admiration for Hispanic culture. This could be due to friendships and pleasant experience with those friends. This will serve as a stimulus for advances. The professor also notes that Sarah remembers absolutely nothing, but the professor asks her to repeat the same words and phrases other students have expressed. He notices that Sarah has an excellent pronunciation. Although she doesn't remember anything concrete, she maintains the rhythm and intonation of Spanish. She must have learned something as a child. The same thing is seen in students who constantly listen to Hispanic music or watch programs in Spanish: They have few difficulties in pronunciation.

As a result of these observations:

a) The professor will form groups in a strategic manner. Sarah and James will work together because together they possess knowledge, skills and weaknesses compatible to form a common platform or scaffold.

b) Activities will be designed taking into account the group's previous knowledge. Students will not waste time repeating the alphabet or pondering how to pronounce a determined word. The professor will take words they know such as "hola, "tarde", "amigo", among others, to link them to the creation of significant oral texts, as greetings among friends, in professional venues, formal and informal introductions, etc.

c) Mediating role: the professor will work, little by

que los estudiantes practiquen: el aprender a hacer. La metodología que utiliza para el desarrollo de estos aspectos se basa en los enfoques: constructivista y comunicativo.

De forma aclaratoria, se entiende por andamiaje una situación de interacción entre un sujeto experto, o varios sujetos experimentados en un dominio-, quienes se comunican con otro menos experto. Esta interacción tiene por objetivo que el sujeto menos experto se apropie gradualmente del saber experto. El andamiaje trata sobre actividades que se resuelven colaborativamente en equipos. Ellos están siendo monitoreados por el profesor, el asesor. Por su parte él respeta la autonomía del grupo, pero tan sólo los dirige, tan sólo los orienta si ellos se pierden en la actividad. En este caso por ejemplo, Sarah recibirá una retroalimen-tación de palabras que no recuerda porque no están en su cotidianidad, pero estuvieron en un pasado. Con el apoyo de otros, ella logrará la zona del desarrollo próximo. Por su parte, James conoce algunos e-lementos del idioma español, pero necesita mejorar la pronunciación, con la ayuda de Sarah y de otros compañeros podrá alcanzar la zona de desarrollo próximo. Al final, no solamente conseguirá una mejor pronunciación, sino enlazará sus conocimientos reales (zona del desarrollo real) hacia un dominio de mayor rango que se consolide en competencias comunicativas (zona del desarrollo próximo). El andamiaje, de acuerdo con los enfoques que se utilizan actualmente, es un trabajo en equipo, un trabajo social. Se utiliza para respetar la participación de los estudiantes. Sólo ellos pueden construir sus propias competencias a través del ejercicio que se traducirá en un desarrollo. Los procesos de aprendizaje y maduración son una parte individual, "interna" de cada estudiante.

El profesor no es el transmisor del conocimiento. El estudiante es responsable de su propio aprendizaje.

d) Papel de evaluador democrático: Desde el inicio ha establecido los pasos de una evaluación cualitativa.

little, respecting the rhythms of learning and making sure students practice learning how to do. The methodology used for the development of these aspects is base on: constructivist and communicative approaches.

"Scaffold" or "platform" refer to an interactive situation between an expert subject in a given area, or among several more experienced subjects, and another less knowledgeable. The objective of this interaction is for the lesser knowledgeable subject to gradually learning from the expert. The "scaffold" deals with activities that can be resolved collaboratively in teams. These teams are monitored by the professor, who serves as coach or advisor. Group autonomy is respected, but only as long as the professor directs them, only as long as they are steeped in the activity. In this case, for example, Sarah will receive feedback with words she doesn't remember because she hasn't used them recently, but she knew them in the past. With the help of others, she will reach the zone of proximate development. James, for his part, knows some elements of the garget language, but needs to better his pronunciation. With the aid of Sarah and other classmates, he will reach the zone of proximate development. In the end, he will not only acquire better pronunciation, but will connect his real knowledge (the zone of real development) to the mastery of a higher level, which is consolidated in communicative competencies (zone of proximate development). The "scaffold," in accordance with currently used approaches is teamwork, socially created work. It is used to respect student participation. Only they can construct their own competencies through work that is translated into development. The processes of learning and maturation are in part individual and internal to each student.

The professor is not the transmitter of knowledge. Students are responsible for their own learning.

Explicará a los estudiantes como desarrollar las actividades y les explicará los criterios de evaluación que aplicará. Estará observando a los estudiantes, respetará su autonomía, pero hará intervenciones cuando sea necesario. Luego, los estudiantes presentarán sus proyectos: conversaciones, minidramas, presentaciones personales, etc. En este punto, el profesor expondrá cómo aplicará los criterios de evaluación. El decidirá si aplica esto de manera cualitativa-cuantitativa o si sólo es una actividad simulada. Es decir una actividad creada para experimentar las competencias orales. Pero durante esta "evaluación conjunta," el profesor permitirá que los estudiantes aclaren sus dudas en cuanto a los criterios de evaluación aplicados. Ellos pueden expresar abierta, pero respetuosamente si están de acuerdo o en desacuerdo exponiendo motivos de valor para enriquecer esta actividad. De esta manera, los estudiantes se preparan para continuar con actividades reales de este mismo tipo o similares. Han recibido un entrenamiento participativo en este tipo de evaluación; y también se les ha permitido opinar con respeto y libertad sus puntos de vista. Esto fomenta una participación democrática, que se traduce en crecimiento humano: el estudiante desarrolla pensamiento crítico, expresión argumentativa, autocrítica, tolerancia, respeto, y sobre todo, gana confianza en el proceso evaluativo y autoestima.

Principios pedagógicos aplicados a los estudiantes James y Sarah

Zona de desarrollo próximo: Es la distancia entre el nivel real de desarrollo determinado por la capacidad de resolver independientemente el problema y el nivel de desarrollo potencial determinado a través de la resolución de un problema bajo la guía de un adulto o en colaboración con otro compañero experto en un determinado dominio.

La zona del desarrollo próximo (ZDP) obliga a pensar más que en una capacidad o característica de un

d) Role as democratic evaluator: From the beginning, the steps of a qualitative exam have been established. Professors will explain to students how to develop activities, as well as evaluation criteria. They will observe students; respecting their autonomy, while intervening when necessary. Later, students will present their projects: mini-dramas, personal presentations, etc. At this point, professors will explain how to apply evaluation criteria. They will decide whether to apply these in a qualitative-quantitative manner or is this is only a simulated activity, i.e. an activity created to experiment with oral competencies. But during this "joint evaluation," professors will permit students to clear up doubts in regard to criteria of applied evaluation. They may openly express themselves respectfully whether they agree or not, offering worthwhile incentives to enrich this activity. In this manner, students prepare themselves to continue with real activities of this ilk, or similar ones. They have received participatory training in this type of evaluation; and they have also been permitted to express their points of view with respect and freedom. This foments democratic participation, which is translated into human growth: students develop critical thinking, argumentative expression, tolerance, respect, self esteem and, above all, gain confidence in the evaluation process.

Applied pedagogical principles (James and Sarah)

Zone of proximal development: This is the distance between the true level of development determined by the ability to independently resolve the problem and the level potential development through resolving a problem under the guidance of an adult or in collaboration with another expert classmate in a determined

sujeto, en las características de un sistema de interacción socialmente definido.

Internalización: Reconstrucción interna de una operación externa. Este proceso de internalización supone una serie de transformaciones a saber: una operación inicia externamente; pero se reconstruye y comienza a evolucionar internamente. Un proceso interpersonal queda transformado en otro proceso intrapersonal.

Aprendizaje significativo: Ausubel (1983), creador de la teoría del aprendizaje significativo, plantea: Si tuviese que reducir toda la psicología educativa a un sólo principio, enunciaría éste: "El factor más importante que influye en el aprendizaje es lo que el alumno ya sabe. Averígüese esto, y enséñese consecuentemente."

Rol docente en la visión autoritaria:

Examinaremos este mismo caso, con los mismos estudiantes, pero desde otra perspectiva. El primer día de clases, el Dr. Mamerto Gutiérrez aplica también una evaluación diagnóstica. Lleva un cuaderno para anotar las respuestas y comienza a interrogar a los estudiantes:

How do you say "blue" in Spanish?

How do you say "49" in Spanish?

How do you say "Monday", "Tuesday", "Wednesday"...... in Spanish?

Do you know any other days, numbers or months?

Why you don't know anything in Spanish?

Did you receive Spanish in High School or College?

What did your previous instructor teach you?

Do you remember anything?

domain.

The Zone of Proximate Development forces one to think more about a capacity or characteristic of a subject, of the characteristics of socially defined interaction.

Internalization: The internal reconstruction of an external operation. This process of internalization presupposes a series of transformations in knowledge: an operation begins externally, but it is reconstructed and begins to evolve internally. An interpersonal process becomes transformed into an intrapersonal process.

Significant learning: Ausubel (1983), creator of the theory of significant learning, believed that the most important factor in learning would be what the student already knows.

The Role of Teaching from an Authoritarian Perspective:

Let us examine this case, with the same students, but from another perspective. The first day of classes, Dr. Mamerto Gutiérrez also applies a diagnostic evaluation. He carries a notebook to write down answers and interrogates the students:

How do you say "blue" in Spanish?

How do you say "49" in Spanish?

How do you say "Monday", "Tuesday", "Wednesday"..... in Spanish?

Do you know any other days, numbers or months?

Why you don't know anything in Spanish?

Did you receive Spanish in High School or College?

What did your previous instructor teach you?

Do you remember anything?

Why don't you understand anything?

Luego, el Dr. Mamerto Gutiérrez anotó cuántos estudiantes conocían palabras del español, cuántos estudiantes sabían frases, cuántos estudiantes habían recibido clases de español, etc. Posteriormente, les presenta el alfabeto y les pide que lo pronuncien varias veces. Les explica que es de suma importancia para la pronunciación que ellos escuchen detenidamente y repitan la lección, hasta que los sonidos queden fijos en la mente. El Dr. Gutiérrez solicita a los estudiantes con conocimientos o experiencias previas que repitan las palabras que ya saben. Y, luego, deberán repetirlas de nuevo. Posteriormente, pronuncian formas de saludo formal, informal, y palabras utilizadas para las presentaciones personales. Les pide a los estudiantes que lean los ejemplos del libro. Y les advierte que para la siguiente clase, deberán memorizar las palabras nuevas y las nuevas formas expresivas. El Dr. Gutiérrez les avisa que les hará un quiz semanal para que todos logren estar al mismo nivel de español, para que alcancen un conocimiento a nivel universitario. Sólo así, podrán pasar a otras fases.

Reflexión: Como podemos observar, en este caso el Dr. Mamerto Gutiérrez utilizó los conocimientos previos para evaluar cómo estaban los estudiantes. Pero no hizo adecuaciones en su planificación a partir de esto. Tan sólo guardó la información como un dato estadístico: 10% saben palabras, 20% saben frases, 25% por ciento recibieron cursos de español. El resto no sabe nada..."

Obviamente, el Dr. Mamerto Gutiérrez está muy preocupado por el nivel en que encontró a los estudiantes. Sabe que los hará trabajar duro sometiéndolos semanalmente a controles para que los estudiantes memoricen y se nivelen en conocimientos. Su preocupación y dedicación son válidas porque el Dr. Gutiérrez fue educado en la antigua escuela y a pesar de haber recibido algunas nociones de los enfoques educativos del siglo XXI, todavía no logra aplicarlos

Why don't you understand anything?

Later, Dr. Mamerto Gutiérrez writes down how many students know Spanish words, how many students have received Spanish classes, etc. After that, he presents the alphabet and asks them to pronounce it various times. He explains to the students that it is vitally important for them to listen closely and repeat until the sounds are fixed in their brains. Dr. Gutiérrez asks students with prior knowledge or experience to repeat words they know and then to repeat them again so they'll serve as models for others. After that, they pronounce formal and informal greetings and words used for personal introductions. He asks students to read examples from the book. He advises them that for the next class they had better memorize new words and expressions. Dr. Gutiérrez warns them that he will make up a weekly quiz so they can attain university level knowledge. Only then, can they pass to higher levels.

Reflection: As we can see, in this case Dr. Mamerto Gutiérrez used previous knowledge to evaluate student knowledge. He only kept this information as statistical data: "10% knew words, 20% knew phrases, 25% had Spanish previously the rest knew nothing..."

Obviously, Dr. Mamerto Gutiérrez is very preoccupied about the level of the students. He knows they will work hard by subjecting them to weekly controls to force students to memorize and to even out their knowledge. His worry and dedication are valid because Dr. Gutiérrez was educated in the old school and, in spite of have received some notion of twenty first century educative approaches, he has still not managed to apply them adequately to his planning, and evidently will not apply them to his evaluation, which is reduced to a collection of statistical data.

On the other hand, he wrote something in his notes: "The students don't know anything." Este type

adecuadamente, a su planificación, y evidentemente tampoco a su evaluación que se reduce a un conjunto de datos estadísticos.

Por otra parte, ha escrito algo en sus notas: "los estudiantes no saben nada." Este tipo de afirmación sólo pudo aceptarse en un contexto de evaluación autoritaria, de acuerdo con la cual, "sólo los profesores transmiten el conocimiento verdadero." Los especialistas de educación contemporáneos admiten que incluso los niños preescolares tienen un conocimiento valioso a partir de sus experiencias porque crecen escuchando programas bilingües, comerciales bilingües o por sus experiencias en la comunidad. No olvidemos que Estados Unidos es un país cosmopolita. Y en todos los barrios y escuelas hay grupos hispanos. Si un estudiante declara que no tiene en la memoria ninguna palabra española, es válido, pero la mayoría no podrá negar que ha escuchado en la radio, en la televisión, en la calle palabras españolas. No podrá negar que ha leído en el periódico, en Internet o en otros medios, por lo menos una palabra en español y la mayoría no puede decir que nunca en su vida ha estado en contacto con hispanos. Por tanto, los estudiantes que aparecen en nuestras aulas no solamente tienen conocimientos, sino también estrategias de negociación comunicativa que inconscientemente han desarrollado y que pueden utilizarse en la construcción de competencias comunicativas.

Este conjunto de conocimientos y estrategias pueden ser utilizados, como una base, como una plataforma que el docente conectará con nuevos conocimientos y estrategias comunicativas. Como profesores del siglo XXI no podemos limitarnos a evaluar la memoria del estudiante. Estamos llamados a admitir que todo estudiante tiene un caudal humano multifacético que debe ser apreciado y aprovechado estratégicamente para encauzar el aprendizaje.

Aún si el estudiante universitario declara: "Yo sólo sé decir: hola." Aún si declara que solamente recuerda : "si", "amigo", "rojo", "no", etc., nosotros, como profesionales, estamos llamados a tomar en cuenta

of affirmation can only be made within the context of an authoritarian evaluation, in accordance with the maxim that "only professors transmit true knowledge." Educational specialists admit that even preschool children have valuable knowledge through their experience because they grow up listening to bilingual programs and commercials, as well as their experience in the community. Let us not forget that the United States is a cosmopolitan country. In virtually every school and neighborhood there are Hispanic groups. If students claim they can't remember a single word of Spanish, this is valid. But the majority cannot deny they have heard Spanish words on the radio, on TV and in the street. They cannot deny that they have read at least one word of Spanish in the newspaper, on the web and in other media. The majority cannot claim that they have never been in contact with Spanish speakers in their lives. For that reason, students who appear in our classrooms not only have knowledge, but also strategies of communicative negotiation they have unconsciously developed and can use in the construction of communicative competencies

This collection of knowledge and strategies can be used, as a basis, as a platform for the instructor to connect to new knowledge and strategies. As professors of the twenty first century we cannot limit ourselves to evaluating students' ability to memorize. We are called upon to admit that all students have a multifaceted human wealth that must be appreciated and strategically put to good use to further learning.

Even if a student claims, "I only know how to say "hola." Even if the student only remembers: "si", "amigo", "rojo", "no", etc,, then we as professionals are called upon to take into account this basis or explore their experiences to link them to new knowledge.

What happens if we fail to do so? If we don't do it,

esta base o explorar sus experiencias para enlazarlos con lo nuevo. ¿Qué pasa si no lo hacemos? Si no lo hacemos, igualmente, pueden aprender. Pero si los conectamos con un conocimiento previo, les estamos dando la oportunidad de crear un conocimiento significativo que estará relacionado con sentimientos, emociones, vivencias previas. El conocimiento es vivencial. Y las personas aprendemos cosas que signifiquen algo para nuestras particularidades, para la vida misma.

Por otra parte, si no aplicamos evaluaciones formativas tanto de forma real como simulada, entonces, estaremos retornando a la escuela autoritaria. No olvidemos que examinar la memoria es empequeñecer a los estudiantes, reducirlos en su condición humana. Si hacemos esto, estaremos enviando un mensaje indirecto y catastrófico al estudiante: "Si no está en tu memoria, no sabes nada."

Por otra parte, es totalmente improductivo porque inconscientemente ellos advierten desde los primeros días que la evaluación se centrará en memorización. No se sentirán motivados a participar en actividades que desarrollen sus competencias comunicativas. Y si participan no lo harán con la secuencia e intensidad apropiadas, y eso determinará su aprendizaje.

Nuestra tarea como profesores de lenguas es fomentar el desarrollo de las competencias comunicativas para que puedan ser utilizadas interculturalmente y en diferentes contextos. No necesitamos profesionales que recarguen la memoria. En el campo profesional deberán realizar traducciones simultáneas con varias personas, al mismo tiempo, y posiblemente, se encontrarán en un ambiente tenso, conflictivo, con personas que necesitan una solución inmediata para resolver un problema. En ese momento la memoria fallará. Incluso si ellos son bilingües desde la infancia necesitarán un entrenamiento especializado para hacer traducciones simultáneas, con mensajes, emociones y demandas que caerán como fuego cruzado. Ahora, pensemos qué otras estrategias necesitarían para resolver esto. Y, retomando los conocimientos

they can still learn. But if we connect them with previous knowledge, we are giving them the opportunity to create significant knowledge related to feelings, emotions and previous experiences. Knowledge is experiential. And we humans learn things that mean something to our particularities, for life itself.

On the other hand, if we do not apply assessment in real terms, as well in simulation, then we will return to the authoritarian school. Let us not forget that merely examining memory belittles students. It reduces their human conditions. If we do this, we will be sending an indirect catastrophic message to students: "If it's not in your memory, you know nothing."

In another vein, it is totally unproductive because it unconsciously warns from the beginning that evaluation is rooted in memorization. Students will not feel motivated to participate in activities that develop their communicative competencies. And if they participate, they will not do so with appropriate numbers and intensity, and this will determine their learning.

Or task as language professors is to spark the development of communicative compentencies so they may be used inter-culturally and in different and in different contexts. We have no need of professionals who only seek to recharge memories. In the professional field, they must carry out simultaneous translations with various persons at the same time, and possibly find themselves in a tense conflictive environment, with people who need immediate solutions to resolve problems. At that moment, the memory fails. Even if they are bilingual from childhood, they need specialized training to make simultaneous translations, with messages, emotions and demands that rain in like crossfire. Now, let us think what other strategies are needed to resolve this. Taking into account previous knowledge, "What can we do with that to pass to the next level?"

previos: ¿Qué podemos hacer con eso para pasar a otro nivel?

El rol del estudiante en la evaluación formativa:

El estudiante debe volverse más activo, investigativo, cooperativo, responsable de sus propios procesos. Al mismo tiempo que crítico, analítico y capaz de autoevaluarse utilizando principios éticos. No debemos exigir demasiado. Si como profesores hemos encontrado contracciones en el siglo XXI, no podemos entonces presionar a los estudiantes para un cambio rápido. Esto se llevará a cabo a largo plazo; y, en ocasiones, se necesitará de años. En ocasiones, no veremos ningún cambio porque ellos han formado parte de un proceso contradictorio y como aprendientes tienen el derecho de decidir sus estilos de trabajo. Lo importante es que nosotros, pese a todo, implementemos una evaluación formativa, les motivemos a participar y les acompañemos hasta el final con las técnicas y estrategias que ellos necesitan para superarse.

El papel del estudiante en este proceso es social-cooperativo. Sabe que el conocimiento se construye en equipo y que todos son responsables de modelar o influir en el aprendizaje de otros. Algunos aceptan esta idea fácilmente, con plena conciencia, para otros es algo que toma más tiempo.

El estudiante es activamente participativo porque sabe que sólo a través de un hacer logrará el desarrollo pleno de sus competencias. Eso significa que en la clase de lengua trabajará con proyectos auténticos, es decir, proyectos creados por su propio esfuerzo e intelecto. Proyectos en los que ha necesitado la orientación de otros, la intervención del profesor y ha tenido la oportunidad de transformarlos hasta visualizar si quiere lograr una A o una calificación menor.

¿Significa que los estudiantes se ponen su propia calificación? Por supuesto que no. El profesor es el único responsable de la nota final, pero esta es pro-

The Students' Role in Assessment:

The students' role must become more active, investigative, cooperative and responsible for their own processes, critical, analytical and able to evaluate themselves using ethical principles. We must not demand too much. If as professors, we have discovered contradictions in the twenty first century, we cannot pressure students to change rapidly. This will be carried out in the long run and occasionally requires years. Many times, we see no change because students have formed part of a contradictory process and as learners they have the right to decide their own style of working. The important thing is that we, in spite of everything, must implement assessment and motivate them to participate and accompany them to the end with the techniques and strategies they need to better themselves.

Students in this process are social-cooperative. They know knowledge is constructed in teams and that all of them are responsible for modeling or influencing the learning of others. Some accept this idea easily and consciously. Others take more time.

Students are active participants because they know that only through doing will they achieve the full development of their competencies, in order to be able to modify their projects on time, applying criteria of evaluation. This means that in the language class they have been working on all manner of authentic projects, that is, projects created to by their own effort and intellect, projects that needed guidance from others, the intervention of the professor and which needed to be transformed, and during which time, students have had the opportunity to decide if they wish to receive an A or a lower grade.

Does this mean that students write their own grades? Of course not! The professor is the only one

ducto de un proceso. El estudiante tiene todas las oportunidades de trabajar por conseguir una nota alta, tiene tiempo para solicitar ayuda extra al profesor, a otros compañeros. Sabe cómo será evaluado. Ha recibido asesoría sobre las cosas que debe cambiar. De modo que esto puede elevar las posibilidades de lograr buenos resultados. Aunque siempre hay estudiantes que optan por no participar de una manera secuencial y comprometida.

Y, al final, puede recibir la oportunidad de discutir con el profesor si estos criterios evaluativos fueron aplicados de forma adecuada, constructiva, formativa y justa. El profesor colocará una calificación final. Pero también el profesor ha creado una atmósfera de participación pluralista y democrática en la que todos los estudiantes pueden expresar sus puntos de vista con respeto y tolerancia. Dentro de nuestra experiencia hemos contado con respuestas positivas. Los estudiantes reciben desde el principio una clara inducción y asesoría sobre cómo serán evaluados, y cuando se les orienta en el camino y se les da la oportunidad de probarse a sí mismos, entonces ellos responden con positividad y ética.

Las posibilidades de jugar sucio se reducen por varias razones: cuando se opta por este tipo de evaluación necesariamente tienen que incluirse "proyectos auténticos", reciben este nombre porque han sido creados por los mismos estudiantes durante todo el curso. El profesor ha observado y registrado el desarrollo de los proyectos auténticos y ha advertido suficientemente sobre cómo modificar los mismos a fin mejorar resultados.

Siempre hay algunos estudiantes que por múltiples razones no participan en el proceso. También hay otros que pretenderán jugar sucio tratando de interpretar los instrumentos evaluativos a su favor. Pero es una minoría. La mayoría se da cuenta que es más fácil participar activamente en todas las etapas de la formación evaluativa ¿La razón? Implica un relativo, pero constante esfuerzo cumplir con los requerimientos y las etapas para asegurar un buen

responsible for the final grade, but this is the result of a process. Students have all the opportunities to work for a high grade. They have time to seek extra help from the professor and classmates. They know how they will be evaluated. They have received counseling regarding things that must be changed. In this way, they can raise the possibilities of achieving higher grades. Even so, there are always students who chose not to participate regularly and committedly.

In the end, they can receive the opportunity of discussing with the professor whether or not these evaluative criteria were applied in an adequate, constructive, formative and just manner. The professor will write in the final grade, But the professor has also created an atmosphere of pluralistic and democratic participation in which all students can express their point of view with respect and tolerance. Within our experience, we have counted on positive responses. From the beginning, students receive a clear induction and advising, and when they are guided along the road and they have the opportunity to prove themselves, they respond positively and ethically.

Possibilities for cheating are reduced for various reasons. When one choses this type of evaluation, students must include "authentic projects." They are so called because they have been created by the students themselves during the course. The professor has observed and registered the development of authentic projects and sufficiently informed students how to modify them for better results.

There are some students who, for whatever reason, do not participate in the process. There are others who try to cheat by attempting to interpret evaluative instruments in their own favor. But they are a minority. Most discover that it's easier to actively participate in all steps of the assessment. Why? It implies a relative, but constant effort to comply with requirements and steps to ensure a good result. For many, it

resultado. Y para muchos es gratificante ver cómo este proceso fortalece su propia autoestima, autoconfianza y desarrollo personal. Con la experiencia aprenden que resulta largo, frustrante e infructuoso ganar una "F"

Sólo aquellos que han participado en procesos valorativos de este tipo saben, a ciencia cierta, que con este tipo de evaluaciones es más fácil ganar una "A" que ganar una "F". Parece contradictorio, pero sólo aquellos conscientes de esta experiencia pueden realmente comprender: "Quienes optaron por obtener una F fueron los que trabajaron mucho más, desde el principio. . . ."

Evaluar formativamente no es hacer estadística:

Desde nuestra concepción, ya no podemos quedarnos con datos estadísticos. No es importante determinar cuántos estudiantes obtuvieron "A" en un determinado año; cuántos estudiantes obtuvieron "B", el siguiente; cuántos estudiantes no fueron promovidos hace 3 años, etc. Estoy de acuerdo que la estadística puede darnos un valioso aporte para reflexionar. Pero lamentablemente, si no se tiene claro el camino hacia dónde se va, si no se tiene claridad de los enfoques educativos para el aprendizaje de lenguas extranjeras, si ni siquiera se tiene una claridad sobre cómo aplicarlos en un currículum; y, sobre todo, si en el aula se evidencia una contradicción o la ausencia de fundamentación teórica en la evaluación, entonces estamos volviendo a lo mismo: Despilfarrar tiempo, recursos intelectuales, económicos; y, estaremos osbtaculizando la formación académica de los estudiantes.

La historia de reformas curriculares en todo el mundo nos ha confirmado innumerables veces que evaluar no se limita a hacer estadística. Los estudiantes no son un número.

Por otra parte, debemos renunciar a la posición verticalista consistente en que el profesor adjudica las notas, y los administradores las largas estadísticas

is gratifying to see how this process strengthens their own self-esteem, self confidence and personal development. With experience, they learn that it is earning an "F" is a long, frustrating and unfruitful path.

Only those who have participated in evaluative processes know full well that with these sort of exams, it is easier to get an "A" than an "F." It seems contradictory. But only those who are conscious of this experience can really understand that "Those to chose to receive an F were those who worked hardest, from the beginning . . . ."

Assessment is not Statistics:

From the beginning, we can't dwell on statistical data. It is not important to ponder how many students received A's in a certain year, how many received B's the next, how many students did not pass three year ago. We do agree that statistics can offer us a valuable contribution for reflection. But unfortunately, if we do not have a clear view of the road to be traveled, if we lack clarity in terms of educational approaches for learning Foreign Languages, if we can't even clearly see how to apply them to the curriculum, if in the classroom there are contradictions or an absence of theoretical grounding in evaluation, then we are going back to the same old thing: Wasting time, intellectual and economic resources while blocking student development.

The history of curricular reform throughout the world has confirmed numerous times that evaluation is not limited to statistics. Students are more than a number.

We must also denounce the vertical perspective that professors only adjudicate grades while administrators concern themselves with long statistical lists of grades. To what point do these measure the quality of learning? To what point do these prove whether or not the language curriculum is working? Many au-

de calificaciones. ¿Hasta qué punto estas determinan la calidad del aprendizaje? ¿Hasta qué punto estas comprueban que el currículum de lenguas está funcionando o no? Muchos autores siguen apuntando hacia un cambio cualitativo, en el que se cuente con los estudiantes como un ente activo y participativo de su propia evaluación: "si queremos mejorar la calidad del aprendizaje de los estudiantes hay que empezar cambiando nuestra forma de evaluar dado el efecto que esta puede tener en la calidad total del aprendizaje" Hernández Pina, (1997: 8).

thors continue to point to a qualitative change, in which students amount to an active and participative partner in their own evaluation: If we wish to better the quality of student learning, we must begin by changing our manner of evaluation, given the effort it has on the total quality of learning" Hernández Pina, (1997: 8).

Capítulo V: Nuevas formas de evaluación y estrategias en la clase de lenguas

Nosotros queremos proporcionar en este apartado algunas propuestas sobre cómo evaluar la clase de Lenguas Extranjeras.

El objetivo fundamental será mostrar cómo se puede trabajar el desarrollo de las competencias comunicativas: Comprensión oral y lectora, expresión oral, expresión escrita, etc. durante la clase, con proyectos a largo plazo, con proyectos simulados o con otras estrategias basadas en los enfoques para el aprendizaje de las lenguas.

Nuestra máxima recomendación es que se les explique a los estudiantes estas estrategias y los fundamentos teóricos, al mismo tiempo que se les instruya sobre cómo aplicar los criterios de evaluación en sus propios proyectos. ¿La razón de esto? Porque no se puede enseñar una lengua a nivel de transmisión, el profesor no puede implantar conocimientos. Ya hemos examinado que todo aprendizaje requiere: interés y voluntad del estudiante. Segundo, porque aprender otro idioma es un proceso largo que no se limita al salón de clase.

En conclusión al punto anterior, debemos ser realistas. Nosotros no podemos enseñar una lengua, pero podemos enseñar estrategias de aprendizaje y métodos de evaluación para que nuestros estudiantes continúen aprendiendo otras lenguas, más allá de la clase, en sus casas, en sus trabajos y en otros contextos significativos. Nuestra misión es facilitarles el camino hacia un aprendizaje constructivista, eficiente, integral e independiente.

Por otra parte, esto les proporcionará autoestima. Ellos podrán ser muy competentes en las lenguas extranjeras, pero si existe una baja autoestima, esto se reflejará perfectamente en sus relaciones interpersonales. Aparte de esto, existen otras barreras

Chapter V: New Forms of Evaluation and Strategies For Language Classes

In this section, we wish to provide proposals regarding how to evaluate Foreign Language classes.

The basic objective is to show how to carry out the development of communicative competencies such as oral and reading comprehension, oral expression, written expression, etc. in classes with long term projects, with draft projects and other strategies based on approaches for teaching Foreign Languages.

Our principal recommendation is that these strategies and theoretical bases be explained to students while they are being taught how to apply evaluation criteria to their own projects. Why? Because a language cannot be merely be transmitted. The professor alone cannot implant knowledge. We have already seen that all learning requires the interest and will of the student. Secondly, because learning another language is a long process that is not limited to the classroom.

In regard to the previous point, we must be realistic. We cannot teach a language, but we can teach strategies for learning and the means of evaluation so our students can continue learning other languages, outside the classroom, at home, at work and elsewhere. Our mission is to facilitate the road toward efficient, integral and independent constructivist learning.

This process provides self-esteem. Students may be very competent in foreign languages, but if they suffer form poor self-esteem, this will reflect in their interpersonal relationships. Apart from this, there are other psychological barriers that must be overcome with our help or with the help of others. These include fear of speaking in public, poor class participation, test anxiety, etc. By working to integrate

psicológicas que deberán vencer con nuestra ayuda o con la ayuda de otros. Estos incluyen temor a hablar en público, poca participación en clase, terrorismo evaluativo, etc. Con el esfuerzo de integrarse a actividades de expresión oral y con el modelaje motivacional proporcionado por otros, ellos podrán perder poco el temor poco a poco.

Terrorismo evaluativo: Durante años nuestros estudiantes fueron sometidos a evaluaciones constantes para medir y controlar objetivamente lo que habían aprendido. Pero lo cierto, es que no existe una objetividad en un aprendizaje, cuando por objetividad se entiende: medición memorística. Nuestros estudiantes pueden haber tenido desagradables experiencias con maestros que los presionaron con evaluaciones para obtener y registra la "objetividad." Si nosotros les manifestamos que aplicaremos una evaluación continua terminaran por decepcionarse más. La mejor manera es aclararles que es un proceso constructivo y participativo que puede ser agradable y lúdico. Nuestra recomendación es: Juega. Tu deber es que ellos reduzcan el nivel de estrés. Solo a través del "hacer" podrán consolidar las competencias, por tanto es mejor jugar, disfrutar. Y es papel del profesor que esto sea posible.

Si no lo haces ellos buscarán estrategias de defensa: rechazo a la participación; se negarán a escribir por temor al error y finalmente, crearán estrategias de evasión.

Manejo del error: No corrija de forma autoritaria. Procure no dar una respuesta. En su lugar, formule hipótesis y pregunte de diferentes maneras a fin de que los estudiantes lleguen a conocer la verdad. El error no es negativo. Cuando los errores aparecen es porque el cerebro está tratando de crear una respuesta, hipótesis para solucionar un determinado problema. Nadie es dueño de la verdad absoluta. De modo, que si se equivoca demostrará que está aprendiendo. Se debe corregir en el momento oportuno, con buen tono. Los estudiantes deberán conocer que cometer un error no es malo, puede ser una estrate-

oral expression activities and through motivational modeling by other, such students can lose this fear in time.

Test anxiety: For years, students were subjected to constant evaluation to "objectively" measure and control what they had learned. The truth is that there is no such thing as objectivity in learning, if by objectivity one means reliance on memory. Our students have had bad experiences with evaluators who pressured them with continuous evaluations to obtain and register "objectivity." If we proclaim that we apply continuous evaluation, then we will end up deceiving ourselves even more. The best manner is to make clear that it is a constructive and participative process that can be fun and agreeable. Our recommendation is to play. Your task is to reduce their stress levels. Only by doing can we consolidate competencies, so it's better to play and enjoy learning. The role of the professor makes this possible.

If you don't do this, they will seek defensive strategies. They will refuse to participate. They will fail to write for fear of making mistakes and, finally, they will create strategies of evasion.

Managing errors: Do not correct in an authoritarian manner. Make sure not to give away answers. Instead, formulate hypotheses and ask in different ways, so students arrive at the truth. Error is not negative. When errors appear, it is because the brain is trying to create a response, a hypothesis to solve a given problem. No one is the master of absolute truth. In this sense, error shows that one is learning. One can correct at an opportune moment, in a friendly tone. Students must learn that making mistakes is not bad. It can be a strategy for reaching a higher level. This is of utmost importance for oral expression. Many students do not wish to speak because they're afraid of mispronunciation. But if one works

gia para alcanzar un nivel más alto.

Esto es de suma importancia para la expresión oral: muchos no quieren hablar porque tienen miedo de pronunciar mal. Pero si se trabaja adecuadamente con el error, este puede llevar al desarrollo de competencias comunicativas.

Trabajar en grupos: algunos estudiantes podrían estar renuentes a participar o no saben la manera adecuada de hacerlo. Se trata de trabajar en proyectos colectivos en donde todos son responsables por el aprendizaje de todos.

Expresión oral:

En este apartado daremos a conocer actividades sobre cómo trabajar la parte de la expresión oral y las mejores maneras de evaluarlo.

Antes de abordar los ejemplos, nos gustaría explorar un poco sobre cómo se ha trabajado este componente a través de la historia. No queremos profundizar en la historia didáctica; tan solo queremos mencionar algunos ejemplos que nos sirvan para la reflexión de cierre. Uno de enfoques más antiguos, para mejorar la expresión oral, fue el *Intuitivo-imaginativo*, el cual consistía en ejercitar la fonética a partir de la ortografía. El estudiante debía aprender las reglas ortográficas y luego, intuir la correcta manera de pronunciarlos. Posteriormente, surgieron otros basados en el alfabeto y en juegos fonéticos para mejorar la expresión. "El método directo" basaba la pronunciación en la imitación y repetición. La acción principal recaía en el profesor y los estudiantes tan sólo repetían. Los estudiantes eran motivados a emitir una pronunciación casi perfecta.

El método multilingüe derivado de la escuela conductista basaba su práctica a partir del modelo de pronunciación y la repetición de este: Estímulo-respuesta. Más tarde surgen los métodos naturales, como el Método de repuesta física total propuesto por Asher en 1977 y el Enfoque natural impulsado por Terrell en 1983. Ambas propuestas tienen como

adequately with error, this can quicken the development of communicative competencies.

Group work: Some students are reluctant to participate or don't know the proper way to do so. It deals with working in collective projects where all are responsible for the learning of everyone.

Oral Expression:

In this section, we will introduce activities regarding how to work on oral expression and the best means of evaluating it.

Before examining the examples, let us explore a bit how this problem has been approached in the past. We do not want to engage in a deep dialectical history, nor do we wish to spend much time on the development of data devoted to this topic but, rather, we will limit ourselves to mentioning some examples for the sake of reflection.

One of the oldest approaches is the *Imaginative-Intuitive* Approach, which consists of learning phonetics through orthography. The student learns spelling rules and intuits the correct manner of pronunciation. Later on, the method looked at the alphabet and phonetic games to improve expression.

The Direct Method based pronunciation on imitation and repetition. The professor served as a model and students repeated what they heard. Students were motivated to achieve an almost perfect pronunciation.

The Multilingual Method of the Conductive School used a pronunciation model based on the repetition of Stimulus and Response.

Later, we find Natural Methods, such as Total Physical Response proposed by Asher in 1977 and the Natural Focus promoted by Terrell en 1983.

característica: Escuchar y evitar hablar, para luego, reproducir sonidos con precisión a través de ejercicios de internalización del sistema de sonidos de la meta-lengua.

Más tarde, surgen los enfoques comunicativos que no enfatizan la destreza de la pronunciación perfecta, aunque sí sugieren ejercicios centrados en las vocales, luego en las consonantes, pero centran sus prácticas en la producción, y pronunciación de enunciados y textos auténticos. Tanto los Enfoques Comunicativos como el Marco Común Europeo de Referencia de las lenguas sugieren ejercicios que parten del profesor como modelo, o bien de hablantes nativos invitados a la clase o a partir de grabaciones. Sugieren ejercicios de pronunciación explícitas. Pero todo cuanto se haga debe: Partir de un enunciado o texto auténtico, concentrarse en la lectura de materiales fonéticamente significativos que pueda servir para la concreción de nuevos conocimientos significativos -pero nunca en ejercicios arbitrarios.

Nosotros nos hemos centrado en enfoques contemporáneos porque proporcionan estrategias para lograr una competencia más integral y aplicable a la vida real. Por otra parte, consideramos que es precisamente este punto, la competencia oral, lo que todavía genera bastantes contradicciones en la práctica; y, esto produce dificultades en cuanto a cómo secuenciar los ejercicios, cómo organizar a los estudiantes en el aula y lo más importante, ¿cómo evaluar?

Pero nuestro propósito principal es proporcionar estrategias justificadas en los enfoques comunicativos contemporáneos, para que los estudiantes realicen extensiones en la vida real y así consoliden su aprendizaje.

Como profesores de lenguas debemos preguntarnos sobre los componentes de la expresión oral. A partir de esto, determinar qué es lo que el estudiante realmente necesita para ser un comunicador efectivo al utilizar la lengua extranjera en cualquier contexto o situación comunicativa ¿Qué se necesita verdadera-

Both proposals are rooted in listening, rather than speaking, in order to later reproduce precise sounds through sound internalization exercises in the target language.

After this, we find Communicative Approaches that do not emphasize the skill of perfect pronunciation, although they do suggest exercises centered on vowels (the cornerstone of Spanish pronunciation, as opposed to English, which is more consonant based), and later on consonants. They focus practice on the production and pronunciation of authentic texts and speech. The Communicative Approaches, as well as The Common European Framework of Reference for Languages: Learning, Teaching, Assessment, abbreviated as CEFR, suggest exercises that use the professor as a model or, alternatively, native speakers invited to the class or recorded speech. They promote exercises of explicit speech. But, above all, one must utilize authentic text or speech, as well as concentrate on reading phonetically meaningful material that serves as a manifestation of meaningful new knowledge –but never on arbitrary exercises.

We have concentrated on contemporary approaches because they provide strategies for achieving a competency more integrated and applicable to real life. We also consider this precise point –that oral competency generates quite a bit of contradiction in terms of practice and, therefore, produces difficulties in sequencing exercises and in organizing students in the classroom, as well as, more importantly, questions of how to evaluate.

Our main proposal, however, is providing justified strategies for contemporary communicative approaches, so students may extend these to real life situations and thereby consolidate their learning.

As Foreign Language professors, we must ask ourselves about the components of oral expression. In

mente para esto? ¿Excelente pronunciación? ¿Ejercicios de repetición grupal para imitar la pronunciación del hablante nativo de cualquier lengua extranjera? ¿Hablar una lengua sin acento es indispensable para una comunicación efectiva? Nuestras repuestas pueden variar dependiendo de lo que entendemos como expresión oral.

Algunos investigadores contemporáneos como Wijgh (1996) defienden que el componente oral se basa en las competencias o destrezas: lingüística-funcional, estratégica, sociocultural y social. Según Wijgh, la competencia lingüística es la habilidad de producir e interpretar expresiones significativas, la competencia funcional consiste en la habilidad de elegir y utilizar las funciones comunicativas adecuadas al contexto y situación comunicativa; por otra parte, la competencia estratégica se refiere a una serie de estrategias discursivas necesarias para un desarrollo apropiado de una conversación. Esto incluye, el uso de estrategias compensatorias. Competencia sociocultural se refiere a la habilidad de hacer uso de los conocimientos del contexto sociocultural, en relación con la meta-lengua.

Otro planteamiento importante es el de Jáuregi (1997) quien nos habla sobre la negociación del significado en la conversación. En la vida real sostenemos una conversación por diferentes razones explícitas o implícitas. Los interlocutores no necesariamente tienen la información total. A medida que la conversación se desarrolla, ellos comparten información mediante pautas y características del ciclo comunicativo. Existe entre los interlocutores un intercambio constante, que se traduce en la construcción de nuevos significados, de nuevos conocimientos. En ocasiones, sumado a lo anterior, los interlocutores pueden olvidar algo, una palabra, una frase, etc. Incluso ocurre en el mismo idioma materno, pero ellos pueden utilizar otros recursos de sustitución y de esta manera pueden seguir participando en ese intercambio de significados.

this manner, we can determine what the student really needs to be an effective communicator using a foreign language in any communicative context or situation. What is truly needed for this? Do we need excellent pronunciation? Do we need repetitive group exercises that repeat the speech of a native speaker of whatever foreign language? Is speaking a language without an accent indispensible for effective communicative? Our responses may vary depending on what we understand as oral expression.

Some contemporary investigators, such as Wijgh (1996), defend the idea that the oral component is based on competencies or skills –e.g. functional linguistic, strategic, socio-cultural and social. According to Wijgh, linguistic competency is the ability to produce and interpret meaningful expressions. Functional competency consists of the ability to choose and utilize communicative function adequate to the communicative context and situation. He adds that strategic competency refers to a series of discursive strategies necessary for the appropriate development of a conversation. This includes the use of compensatory strategies. Socio-cultural competency refers to the ability to make use of knowledge of socio-cultural context in relation to the target language.

Another important hypothesis is that of Jáuregi (1997), who speaks to us about the negotiation of meaning in the conversation. In real life, we sustain a conversation for various explicit and implicit reasons. Interlocutors don't necessarily possess complete information. The conversation, in this sense, develops as it shares information through pauses and other characteristics of the communicative cycle. There is a constant exchange between the interlocutors, which is translated into the construction of new meaning, of new knowledge. To add to this, the interlocutors may forget something, a word, a sentence, etc. –even

¿Están nuestros estudiantes preparados para eso? ¿Cuántos niveles de lengua extranjera necesitan para comenzar a practicar una estrategia real? Los ejercicios de componente oral que ellos practican en el aula vienen cerrados, sin posibilidad de otras respuestas. Por lo tanto, es evidente que están practicando la lectura de conversaciones, de pregunta-respuesta cerrada, de diálogos poco aplicables a contextos reales.

De modo que los trabajos orales deberían contener estrategias para completar el intercambio de significados, sobre qué hacer si se nos olvidan palabras, términos. Es decir, para evitar el bloqueo comunicativo.

El componente oral requiere practicar la pronunciación de sonidos, sobre todo, aquellos que son clave en la lengua meta, pero es preciso incorporar cuanto antes los textos con sentido que conduzcan a la creación de nuevos significados.

No sólo hay que enseñar cómo mantener el acto de hablar; sino también, cómo actuar en situaciones críticas. Y para ello es importante tratar la disposición como destreza comunicativa y productiva y ajustar los ejercicios a las situaciones fuera del aula

5. 1 estrategias de expresion oral, la cultura y evaluacion formativa.

Esquema del contenido:

a) Saludo, un ritual en el aula --Fundamentación cultural: basado en las propuestas de Malinowski, Thomson y Bourdieu.
   a.1 competencias comunicativas a desarrollar: expresión oral, intercultural.
   a.2 expresión escrita en conexión con la expresión oral.
   a.3 estrategias: despertar saberes previos. aplicar estructura de vacío. ejercicios interactivos.

among those who speak the same language. They can, however, use other resources, such as substitution and, in this manner, continue participating in an exchange of meaning.

Are we prepared for this? How many levels of Foreign Language are necessary to begin to practice a real strategy? Oral component exercises that students practice in the classroom are too often closed-ended, without the possibility of other responses. It is evident, therefore, that they are practicing reading conversations, closed-ended questions and answers, dialogues that are scarcely applicable to real contexts. Given these realities, oral work in the classroom must include the exchange of meaning, what to do if words and terms escape us. It must, then, teach us how to avoid communication breakdown.

The oral component requires practicing the pronunciation of sounds, especially those that are key in the target language, but it is necessary to incorporate, as soon as possible texts with meaning that lead to the creation of new meaning.

We not only have to teach how to sustain the speech act, but also how to act in critical situations. For that, it is important to treat dispositions as communicative and productive skills and to adjust exercises to this end and to situations outside the classroom.

5.1 oral expression strategies. culture and assessment.

content map for oral expression:

a) greetings, a classroom ritual –cultural grounding based on hypotheses of Malinowski, Thomson and Bourdieu:

a.1 communicative competencies to be developed:

b) pronunciando con sentido --competencias comunicativas a desarrollar: expresión oral.
   b.1 expresión escrita en combinación con la expresión oral.
   b.2 estrategias: ejercicios de pronunciación con enunciados significativos.
   b.3 evaluación: autoevaluación, hetero-evaluación, rúbricas.

a) saludo, un ritual en el aula
fundamentación cultural:

Autores como Malinowski y Thomson nos hablan sobre el contenido simbólico en espacios rituales. Aplicamos en este tema el valor cultural más allá del rito, del saludo, lo cual si se comprende y practica adecuadamente, puede llegar a internalizarse como una estrategia para hacer amigos y mantener sólidas relaciones profesionales con personas de otras culturas. Malinowski habla sobre la importancia indudable del lenguaje del rito, (véase Sidorova, 2000): "Las palabras en los contextos ceremoniales y de rito pueden tener significados compartidos entre los participantes." En América Latina, el uso de pronombres personales, nombres de profesiones, gestos, e incluso, el tono de voz son relevantes para representar el rol y la jerarquía dentro de una organización, al igual que el respeto ante estas estructuras. Desde algo tan simple como el saludo -durante una entrevista de trabajo-, o el saludo cotidiano en una determinada organización. A través de esto, la gente puede evaluar, por ejemplo, si el nuevo asesor externo o empleado han captado las "formas de actuación esperadas" al interior de la organización. La aceptación de esto llevará a fortalecer sentimientos de identificación e incluso de lealtad. Los rituales simbólicos son invisibles, pero determinantes para consolidar negocios.

Se debe cuidar no solo las palabras, sino también del tono, el ritmo y el énfasis. En cuanto al lenguaje, Thomson (1988) y Bourdieu (1985) nos hablan de

oral intercultural expression.
a.2 written expression in connection with oral expression.
a.3 strategies: awaken previous knowledge. apply strategies to fill a void. interactive exercises.

b) pronunciation with meaning - communicative competencies to be developed: oral expression.
  b.1) written expression in combination with oral expression.
  b.2) strategies: pronunciation exercises with significant enunciations.
  b.3) evaluation: self-evaluation, hetero-evaluation, rubrics.

a) greetings, a classroom ritual
cultural grounding:

Authors such as Malinowski and Thomson speak to us about symbolic content in ritual spaces. With this theme, we apply the highest cultural value of the ritual, of the greeting, which, if one understands and practices it adequately, can be internalized as a strategy to make friends and maintain sold professional relationships with persons from other cultures. Malinowski speaks about the indubitable importance of the language of ritual (see Sidorova, 2000): words in ceremonial and ritual contexts can have shared meaning among participants. In Latin America, the use of personal pronouns, gestures and even tone of voice are relevant to the representation of roles and hierarchies within an organization, as well as for showing respect toward those structures. From something as simple as a greeting, during an interview or daily greeting in a determined organization, people can evaluate if the new external consultant or employee has mastered the "expected forms of

"simbolismo objetivado" y "formas culturales". De acuerdo con esto, nosotros interiorizamos el lenguaje en forma de habitus o en forma de esquemas cognitivos. Esta preparación inconsciente nos capacita para participar diariamente en una serie de rituales necesarios para desenvolvernos en los diferentes contextos de la sociedad. Como comunicadores interculturales debemos estar conscientes de esta situación.

En España y en algunas regiones de América Latina, como en el Caribe existen espacios profesionales donde aparentemente los rituales comunicativos enfatizados en el uso del lenguaje no son tan marcados. Por ejemplo, los empleados pueden tratar a un superior prescindiendo del pronombre formal "usted" y pueden usar el informal "tú" como si se tratase de un amigo. Pero siguen existiendo otros rituales ocultos en cuanto a un tratamiento de respeto. Pero es de gran importancia hacer notar que en la mayoría de campos profesionales en América Latina, todos los profesionales independientemente de su jerarquía usarán el pronombre formal "usted" para marcar la distancia y reforzar indirectamente, el comportamiento y el tipo de conversaciones que se pueden tener en estos espacios. Por otra parte, en muchos lugares, el del pronombre formal "usted" también está presente en otras relaciones entre amigos, entre esposos, entre padres e hijos. Es una decisión personal ya que en todas las relaciones de confianza la gente opta por el uso del pronombre informal "tú" o el informal "vos" (término usado en casi la mitad de Hispanoamérica). Pero algunas personas mantienen el uso "usted" como un formalismo heredado de la época colonial durante el cual, se mantuvieron formas ceremoniales de respeto en todas las estructuras, incluso entre esposos quienes en circunstancias íntimas solían decirse:

- *¿Don Gonzalo, cómo se siente usted?*
- *Muy bien, doña Elvira ¿Y cómo se siente usted?*

behavior" within the organization. The acceptance of this will strengthen feelings of identification and even loyalty. Symbolic rituals are an invisible, but determining, factor in making deals.

One must not only pay attention to words, but also to tone, rhythm and emphasis. In terms of language, Thomson (1988) and Bourdieu (1985) speak to us about "objective symbolism" and "cultural forms." In accordance with this, we interiorize language in the form of habitus, or cognitive mapping. This unconscious preparation makes us able to participate daily in a series of rituals necessary to become involved in different social contexts. As intercultural communicators, we must be aware of this situation.

In parts of Spain and in some regions of Latin America, there are professional spaces where emphasized communicative rituals are not apparently so marked. Employees, for example, may address a superior discarding the formal pronoun "usted" in favor of the informal "tú" –as if they were dealing with a friend. We see this as well in the United States when our boss, Mr. Smith, insists that we call him "Bob." This may be seen as a means of lessening tensions on the job, emphasizing teamwork, of showing solidarity against higher management, etc. Other hidden rituals, however, are maintained in terms of respect. It is highly important, never the less, to note that in the majority of professional fields, the formal pronoun "usted" is used to mark distance and to indirectly reinforce behavior and the kind of conversations one wishes to have in these spaces. We must note, at this point, that the formal pronoun "usted" is also present in other relationships among friends, spouses, parents and children. It is a personal decision, given that in all relationships based on trust, people opt for the informal pronoun "tú" or "vos" (used in almost half of Spanish-speaking America). Some persons, however,

Parece increíble pero ese tratamiento sigue existiendo en muchos hogares en Latino América, pero es una libre opción, una escogencia familiar en individual que indica la distancia y el respeto a través del ritual ceremonioso al interior de las relaciones. Eso se puede ver como una adherencia a papeles sexuales anticuados. Si los padres piden a los hijos que utilicen el pronombre "usted" indica que es una familia con valores autoritarios, en la cual, las decisiones de los padres tendrán mucho peso. Puede indicar también que ciertas pautas de comportamiento o conversaciones no serán tolerados. En este caso indicará también tratamiento de sumisión o distancia.

Por lo tanto, si un colega, un amigo o incluso un novio o novia de América Latina utiliza el pronombre formal "usted" cuando habla contigo, entonces, le estarán dando un mensaje indirecto.

Explicando la actividad:
Saludo, un ritual en el aula.

(Actividades para desarrollar: a.1 expresión oral, intercultural. a.2 expresión escrita en conexión con la expresión oral. b) pronunciando con sentido: b.1, b.2)

Proponemos tres ejercicios para que los estudiantes practiquen la modalidad formal e informal. Primero, esto puede hacerse en un formato fijo o un formato de vacío, es decir, con un vocabulario adicional para que los estudiantes puedan improvisar, hacer cambios.

Indicaciones: Los estudiantes se saludan en cadena. Un estudiante pregunta al otro cómo está y este otro a su vez, contesta y pregunta a otro cómo está. Hasta formar una secuencia.

Saludo en secuencia informal:

maintain the use of "usted" as a formalism inherited from the colonial era, during which ceremonial forms of respect were used in all structures, including among spouses, who in intimate circumstances tend to say:

-¿Don Gonzalo, cómo se siente usted?
-Muy bien, doña Elvira. ¿Y cómo se siente usted?

It sounds incredible, but this pattern still exists in many homes in Latin America. But is an option, a family choice for individuals who wish to mark distance and respect through the use of ceremonial ritual within relationships. This may be construed as an adherence to outmoded patriarchal sexual roles. If parents ask their children to use the pronoun "usted," this may indicate a family steeped in authoritarian values, in which parents' decisions are paramount. It may also indicate that certain modes of behavior or conversations are not tolerated. In this case, it may also be a sign of submission or distance.

Therefore, if a colleague, friend or even a lover from Latin America uses the formal pronoun "usted" when speaking with you, that person is giving you an indirect message.

Explaining the Activity: Greeting, a Classroom Ritual

(to apply: a.1 oral interc ultural expression. a.2 written expression in connection with oral expression. b) pronunciation with meaning: b.1 y b.2)

Let's propose three exercises so students may practice formal and informal modalities. First, this may achieved via a fixed format or by a format that fills a void, that is, by providing additional vocabulary so students can improvise and make changes.

-Hola, ¿Cómo estás?
-Muy bien, gracias ¿Y tú?
-Muy bien, gracias.
(Todos los estudiantes continuan pronunciando esto en cadena)

Saludo en secuencia formal:

Los estudiantes saludan en cadena, pero con la variante de incluir palabras formales: usted, señor (Sr.) señora (Sra.). Otra variante es incluir profesiones: Dr., Dra., Ingeniero, Ingeniera, Licenciado, Licenciada, etc.

-Buenos, días, (Sr. Sra.) ¿Cómo está usted? Muy bien, gracias ¿Y usted?
- Muy bien, gracias, (Sr. Sra.).
- Buenos, días ¿Cómo está usted?
-Muy bien gracias, ¿Y usted?

Ritual de despedida (Entrada de vacío)

Para lograr esta parte, los estudiantes practican el ejemplo con la orientación del profesor. Luego, en parejas o grupos pequeños crean su propia conversación en la que pueden aplicar el vocabulario sugerido. Los estudiantes deben crear sus propias despedidas, respondiendo a las preguntas: ¿Cómo despedirse de un colega formalmente? ¿Cómo despedirse de un amigo informalmente? ¿Cómo responder a una pregunta sorpresiva. Esta pregunta es introducida por el profesor, en ambos idiomas, durante la presentación misma. Es sorpresiva. Los estudiantes en ese instante se esforzarán por responder en la lengua meta.

Indications: Student greet in turn, in chain fashion. A student asks another how she or he is, that student answers and asks the next student, and so on, until all have answered in sequence.
Greetings in an Informal Sequence:

-Hola, ¿Cómo estás?
-Muy bien, gracias ¿Y tú?
-Muy bien, gracias.
(Students practice this in sequence)

Greeting in a Formal Sequence:

Students greet in sequence, but vary by including formal words such as: usted, señor (Sr.) señora (Sra.). Another variant is including professions: doctor (Dr.), doctora (Dra.), Ingeniero, Ingeniera, Licenciado, Licenciada, etc.

-Buenos, días, (Sr. Sra.) ¿Cómo está usted? Muy bien, gracias ¿Y usted?
-Muy bien, gracias, (Sr. Sra.).
-Buenos, días ¿Cómo está usted?
-Muy bien gracias, ¿Y usted?

Farewell Ritual (Filling Void)

To carry this out, students practice examples under the professor's guidance. Then, in pairs or small groups, they create their own conversations in which they can apply the target vocabulary. Students must create their own farewells, responding to questions such as how to formally and informally say goodbye to a colleague, as well as how to respond to a surprise question. The question is introduced by the professor, in both languages, during the presentation itself. It is a surprise. At this juncture, students will attempt to respond in the target language.

Ejemplos de pregunta sorpresiva:

¿Te veré mañana?
¿Te gustó mi idea?
¿Aprecias mi ayuda?
No entiendo ¿Puede repetir?
¿Te veré esta noche?

Ellos no deben olvidar ser diplomáticos y dar las gracias por la colaboración.

Ejemplos:

-Gracias por su apoyo, Dr. Smith.
-Ha sido un placer, Dr. Parker
-Que tenga un buen día, Dr. Smith
-Gracias. Hasta mañana.

Ahora, crea su conversación aquí:

Examples of Surprise Questions:

¿Te veré mañana?
¿Te gustó mi idea?
¿Aprecias mi ayuda?
No entiendo ¿Puede repetir?
¿Te veré esta noche?

They must not forget to be diplomatic and to give thanks for one another's collaboration.

Examples:

-Gracias por su apoyo, Dr. Smith.
-Ha sido un placer, Dr. Parker.
-Que tenga un buen día, Dr. Smith.
-Gracias. Hasta mañana.

Now, Create Your Own Conversation Here:

Vocabulary	**Vocabulario**
You're welcome.	De nada.
Nice too meet you.	Mucho gusto.
Good night.	Buenas noches.
See you tomorrow.	Hasta mañana.
It's been a pleasure.	Ha sido un placer.
Good bye.	Adiós.
See you later.	Te veo más tarde.
See you tomorrow.	Te veo mañana.
Thanks for your support.	Tu ayuda.
Please.	Por favor.
This is my job.	Este es mi trabajo
I really appreciate it.	Yo realmente lo aprecio.

Extensiones:

Ritual en cadena: A manera de ritual los estudiantes pueden mantener el saludo concatenado en la lengua meta. Esto tanto al inicio de la clase como al final de la clase.

Canciones: Los estudiantes pueden cantar la estrofa de alguna canción relacionada con los saludos. En internet aparecen bastantes ejemplos de estas canciones.

Presentaciones personales: La otra sugerencia es presentarse a sí mismos al inicio de la clase. En esta modalidad, los estudiantes aplicarán un adjetivo para describirse a sí mismos. El profesor debe pedirles que utilicen siempre un adjetivo diferente. Cuando el estudiante se ha presentado a sí mismo, el resto de la clase responde.

Técnica de presentación personal:

Estudiante: Hola, yo me llamo: _____
              Yo soy: _____

Estudiantes: Mucho gusto, _____

Vocabulary

You're welcome.
Nice too meet you.
Good night.
See you tomorrow.
It's been a pleasure.
Goodbye.
See you later.
See you tomorrow.
Thanks for your support.
Please.
This is my job.
I really appreciate it.

Vocabulario

De nada.
Mucho gusto.
Buenas noches.
Hasta mañana.
Ha sido un placer.
Adiós.
Te veo más tarde.
Te veo mañana.
Tu ayuda.
Por favor.
Este es mi trabajo
Yo realmente lo aprecio.

Extensions:

Chain Ritual: By means of the chain, students can sustain greetings in the target language –at both the beginning and end of class.

Songs: Students can sing a stanza of a song related to greetings. There are various examples of such songs on the web.

Personal Presentations: Another suggestion is for students to introduce themselves to the class. In this modality, students will apply an adjective to describe themselves. The professor must request that each use a different adjective. When the student has introduced her/himself, the rest of the class will respond.

Technique for Personal Presentation:

Students: Hola, yo me llamo: _____
              Yo soy: _____

Students: Mucho gusto, _____

Vocabulary	Vocabulario
respetuoso	respectful
amable	nice, friendly
atento	attentive
talentoso	talented
trabajador	hard working
tímido	shy
optimista	optimistic
colaborador	collaborative

D) *To be or not to be...* Una segunda variante es decir lo que No eres. Los estudiantes escogen algunos adjetivos para decir lo que ellos no son. También pueden hacer una combinación, es decir, explicar cómo son ellos y cómo no son ellos. Al terminar cada participación, el resto de los estudiantes dice en coro: Ser o no ser, esa es la cuestión. *To be or not to be, that is the question.*

Yo soy ____tímida/o (shy) ____Yo no soy tímido/a (shy)

Pronunciando con sentido:

Las experiencias con la pronunciación nos han mostrado suficientemente que no podemos pretender que los estudiantes adquieran una lengua extranjera sin acento. Ellos pueden sostener conversaciones con gente de otras culturas aún si tienen algunos errores de pronunciación. Los hispanos comprenderán por ejemplo, que su interlocutor norteamericano tiene di-

Vocabulary	Vocabulario
respetuoso	respectful
amable	nice, friendly
atento	attentive
talentoso	talented
trabajador	hard working
tímido	shy
optimista	optimistic
colaborador	collaborative

D) To be or not to be... A second variant is "You are not." Students choose adjectives to describe qualities they do not possess. They can also use these in combination, that is, to explain what they are and what they aren't in the same presentation. After ending every presentation, the rest of the students say in chorus: Ser o no ser, esta es la cuestión (To be or not to be, that is the question).

Yo soy ____tímida/o (shy) ____Yo no soy tímido/a (shy)

Pronunciation with Meaning:

Experience with pronunciation sufficiently demonstrates we cannot pretend that students can acquire a foreign language without an accent. They can carry out conversations with those from other cultures even with pronunciation errors. Hispanics understand, for example, that their American interlocutor may have difficulties with "R." In this sense, therefore, interlocutors can collaborate with one another

ficultades con la "R", por ejemplo. Y, en este sentido pueden encontrar la colaboración del otro.

Sugerimos que se mantengan algunos ejercicios de pronunciación sobre todo con letras que no existen en el alfabeto español, o en otros alfabetos de lenguas extranjeras, y con letras de difícil reconocimiento, por ejemplo: "L," "R," "H," "Ñ," etc.

Pero hay algo que los estudiantes norteamericanos no deben descuidar: La entonación. Si este elemento falla, lo más probable es que se produzca una mal interpretación o un bloqueo comunicativo. Muchos autores apuntan a que los malentendidos que se producen entre hablantes nativos de inglés y hablantes de otras lenguas se debe a diferentes entonaciones. Un claro ejemplo de esto es que en español a veces se hacen preguntas indirectas o se utiliza otro tipo de construcción en el cual los marcadores de oraciones interrogativas no existen. En español no existen las formas "do" o "does" y, a veces, los interlocutores deben adivinar si se está haciendo una pregunta o afirmación. Y esto se puede determinar solo a través de la entonación, por ejemplo:

-¿Le gusta mi comida?
-Le gusta mi comida.

El tono proporciona la diferencia entre la afirmación y la interrogación.

En conclusión, no necesitamos perder el tiempo en la repetición de las letras del alfabeto. En la clase de lenguas extranjeras se debe apuntar a objetivos viables y concretos. Los especialistas en este campo sugieren que los ejercicios destinados a adquirir calidad en el componente oral deben centrarse en: ritmo y entonación, pronunciación de sonidos en interacción, a partir de enunciados significativos.

in establishing meaning.

We suggest pronunciation exercises, above all with letters and digraphs that don't exist in the native language or in the target language, and with letters whose pronunciation is difficult to recognize, because it throws foreigners off, for example: "H," "J," "L," "Ñ," "R," "Z," etc. Curiously enough, all the sounds represented by these letters exist in North American English.

But there is something that American students must not disregard: Intonation. If this element is lacking, there will likely be a misinterpretation or a communicative breakdown. Many authors point out that misunderstanding between native speakers of English and speakers of other languages is often due to different intonations. A clear example of this is that in Spanish, questions are often made indirectly or by using nonexistent interrogation markers. In Spanish, the forms "do" and "does" do not exist and interlocutors often have to guess whether or not if their fellow interlocutor is making a question or a statement. This may be determined with only the use of intonation, for example:

-¿Le gusta mi comida?
-Le gusta mi comida.

The difference between statement and question is provided by tone. A statement has a slightly falling tone, while a question incorporates a rising tone.

In conclusion, we don't need to waste time on repeating the letters of the alphabet. In any case, many phonemes in Spanish are environmentally conditioned by neighboring phonemes. In Foreign Language classes, we must point out viable and concrete objectives. Specialists in this field suggest that exercises designed to achieve quality results in the oral

Ejercicios para pronunciar con sentido:

Le proponemos los siguientes ejercicios para agilizar el ritmo, el tono, y por otra parte, en algunos frases se pueden extraer significados que conectan con la realidad en América Latina.

Pasos: El profesor pronuncia y explica cómo una variante de tono puede cambiar el significado. Por otra parte, estos ejercicios contienen letras y digrafías que no existen en inglés como: "ñ" "ll," "rr." Los estudiantes leen despacio y aumentan la velocidad. Los estudiantes repiten cambiando tonos de voz: triste, alegre, enojado, etc. El profesor y los estudiantes comentan los significados de algunas palabras como piñuela, piñata, llama. La llama es un animal parecido al camello y está en el Perú. Por otra parte, puede contar que Managua es un lago en Nicaragua que tiene tiburones. Y eso ocurrió porque hace cientos de años hubo una conexión entre el océano y el lago. Debido a cambios naturales la tierra se cerró, pero en el lago quedaron viviendo tiburones.

Una tarea puede ser que los estudiantes investiguen sobre estas palabras.
Listado de frases para pronunciar:
a) El papá pela la papa y mira al Papa.
b) Célebre, celebre y celebré son cosas distintas.
c) ¿Cómo que cómo como?
d) Lola, llama a la llama en el llano, donde la llama lame el rocío del llano.
e) La niña y el niño celebran el cumpleaños con piñuela, piñata y piña.
f) El guapo compró guanábana, guayaba y tiburón en el lago de Managua.

component must center on rhythm and intonation, as well as pronunciation of sounds in interaction, based on meaningful enunciations.

Exercises for Meaningful Pronunciation:

We propose the following exercises to facilitate the acquisition of rhythm and tone, as well as, in some cases, the ability to extract meaning connected with Latin American realities.

Steps: The professor pronounces and explains how a change in tone can change meaning. Additionally, these exercises contain letters and digraphs that don't exist in English, such as "ñ" "ll," "rr." Students read slowly and then pick up speed. Students repeat, changing their tone of voice: sad, happy, angry, etc. The professor and students comment on the meaning of words such as piñuela, piñata, llama, etc. The llama is an animal from the Andes similar to a camel. We may add that Managua is a lake in Nicaragua with sharks. This is because long ago, there was a connection between the ocean and the lake. Due to natural changes, the link closed, but the sharks remained there.

An assignment may begin with students investigating the following words.
Phrases to pronounce:
a) El papá pela la papa y mira al Papa.
b) Célebre, celebre y celebré son cosas distintas.
c) ¿Cómo que cómo como?
d) Lola, llama a la llama en el llano, donde la llama lame el rocío del llano.
e) La niña y el niño celebran el cumpleaños con piñuela, piñata y piña.

g) Hortensia echó del lecho a Lencho por el hecho que él no había hecho.

h) Lena la ballena mira la luna llena. Lena la ballena no come porque está llena.

i) Roma, la rata roja, rompe, roe y corrompe las rosas rojas en la rotonda donde corre.

Extensión: Los profesores pueden utilizar trabalenguas, bombas, versos populares, refranes, proverbios, canciones, etc. Los proverbios de origen latín guardan semejanzas entre español e inglés.

Segunda propuesta: Pronunciación con la técnica "llenar el vacío."

¿Mi amor, cómo amaneciste?

En América Latina se usa el término "amanecer" como despertar. Significa ¿Cómo te levantaste? o ¿Con qué ánimo te levantaste?

Pasos: El profesor lee este texto que es un chiste de la cultura popular. Los estudiantes repiten con diferentes tonos la pregunta: ¿Cómo amaneciste? Pero deben hacerlo con diferentes tonos: tristes, enojados, alegres, etc. La técnica de llenar el vacío será la construcción de una respuesta que corresponda al tono de la pregunta. Los estudiantes pueden crear esas posibles respuestas en forma individual o colectiva.

a)   Lectura del chiste popular:

Una pareja contrajo matrimonio y durante el primer año de casadosellos siempre solían saludarse de la siguiente manera con cariño: Mi amor, ¿Cómo amaneciste? Diez años después se saludaban de la misma forma, pero con aburrimiento o enfado: Mi amor, ¿Cómo amaneciste? Cuando tenían 25 años de casa-

f) El guapo compró guanábana, guayaba y tiburón en el lago de Managua.

g) Hortensia echó del lecho a Lencho por el hecho que él no había hecho.

h) Lena la ballena mira la luna llena. Lena la ballena no come porque está llena.

i) Roma, la rata roja, rompe, roe y corrompe las rosas rojas en la rotonda donde corre.

Extension: Professors can use tongue twisters, "bombas" (spontaneous "punny" or metaphoric remarks), popular poems, refrains, sayings, songs, etc. Many sayings in Spanish and English are similar because they come from Latin or from the Bible.

Second Proposal: Pronunciation with the technique of "filling the void." *¿Mi amor, cómo amaneciste?*

In Latin America the term "amanecer (to dawn)" is often used to mean "despertar (wake up)." It signifies "¿Cómo te levantaste (How did you wake)?," or "¿Con qué ánimo te levantaste (How did feel you upon waking)?"

Steps: The professor reads the text, a popular joke. Students repeat the question "¿Cómo amaneciste?" But they have to do so in various tones of voice: sad, angry, happy, etc. The technique of "filling the void" will create an answer corresponding to the tone of the question. Students can create possible answers individually or collectively.

Reading of a popular joke:

A couple got married and during the first year of marriage they always affectionately greeted one another: 'Mi amor, ¿Cómo amaneciste?' Ten years later they

dos, se hacían la misma pregunta, pero con sorpresa: Mi amor, ¿Cómo? ¿Amaneciste?

d) Pregunte a los estudiantes que interpretan a partir de este chiste.

di) Haga que repitan la misma pregunta, pero con diferentes tonos.

dii) Ahora tendrán que responder a la pregunta de una forma concatenada para que todos participen. Primero, se leen los ejemplos proporcionados. Luego, el profesor les da cinco minutos para que creen sus propias respuestas. Ellos deben responder de acuerdo con el tono de la pregunta. Si un estudiante pregunta en tono romántico, la respuesta tendrá que ser igual. Si la pregunta es con tono aburrido, la respuesta deberá ser igual también.

Ejemplos:
Tono romántico: *Mi amor, ¿cómo amaneciste?*
Muy bien mi cielo.
Tono enojado: *Mi amor, ¿Cómo amaneciste?*
Déjame en paz.
Tono sorpresivo: *Mi amor, ¿Cómo amaneciste?*
Busca algo que hacer.

Evaluación de expresión oral:
(b3 Evaluación: autoevaluación, hetero-evaluación)

Etapa inicial: Todo inicia con las prácticas en el aula concentradas en alcanzar un dominio de los componentes de la expresión oral. En esta etapa se entregan los primeros instrumentos evaluativos: autoevaluación, heteroevaluación, rúbricas.

Etapa continua: Se continúan los ejercicios. Y se desarrollan en etapas los proyectos más impor-

greeted one another in the same manner, but bored or angry: 'Mi amor, ¿Cómo amaneciste?' When they had been married for twenty five years, they asked the same question, but with a surprised tone: 'Mi amor, ¿Cómo? ¿Amaneciste?'

d) Ask students what they get out of this joke.

di) Make them repeat the same question, but in different intonations.

dii) Now, have them respond to the question in a concatenated form in which everyone may participate. First, they'll read the provided examples. Then the professor will give them five minutes to create their own responses. They will answer in accordance with the tone of the question. If a student asks in a romantic tone, the response must be appropriate. If the question is in a bored tone, the answer must square with the question.

Examples:
Romantic tone: *"Mi amor, ¿cómo amaneciste?"*
"Muy bien mi cielo (Very well, sweety)."
Angry tone: *"Mi amor, ¿Cómo amaneciste?"*
"Déjame en paz (Leave me alone)."
Surprised tone: *"Mi amor, ¿Cómo amaneciste?"*
"Busca algo que hacer (Find something to do)."

Evaluating Oral Expression:
(b.3 Evaluation: self-evaluation, hetero-evaluation)

First Stage: Everything begins with classroom practices centered on attaining mastery of the components of oral expression. At this stage, the first instruments are handed out: self-evaluation, herteroevaluations, rubrics.

tantes del curso. Los estudiantes van mostrando sus avances y aplicando las rúbricas con la ayuda del profesor. De esta manera, ellos analizan sus resultados.

Etapa final: Los estudiantes presentan sus trabajos al final del curso. Los estudiantes muestran en este punto sus competencias comunicativas. El profesor utiliza las rúbricas para colocar la nota final.

Autoevaluación: Consiste en la capacidad del estudiante de juzgar sus propios logros. Esto se hace con la orientación del profesor quien debe definir los criterios requeridos y enfatizar la parte ética puesto que esto no es una oportunidad para aprobar, es tan solo para medir cualitativamente y/o cuantitativamente el proceso de aprendizaje y a partir de esto, tomar decisiones sobre los cambios.

Mientras no se permita la autoevaluación como un instrumento serio y formativo entonces nunca podrán existir cambios. Si la nota siempre viene desde arriba, por parte del profesor, entonces, nunca prepararemos a los estudiantes para que administren su propio aprendizaje. Si no se tiene una rúbrica sobre la autoevaluación, los estudiantes pueden responder preguntas y compartir en público sus opiniones:

¿He seguido las indicaciones sugeridas para la realización del ejercicio?

¿Mi participación ha sido activa?

¿He colaborado con los otros miembros del equipo al realizar este ejercicio?

¿He expresado mi respuesta con el tono adecuado y ritmo adecuado?

¿Mi respuesta es adecuada al tipo de pregunta?

El estudiante debe guardar estas autoevaluaciones

Continuing Stage: Exercises are continued. The most important course projects are developed in stages. Students show their advances and apply rubrics with the aid of the professor. In that manner, they analyze their results.

Final Stage: Students present their work at the end of the course. Students demonstrate, at this point, their communicative competencies. The professor uses the rubrics to assign the final grade.

Self-evaluation: This consists of the student's ability to judge her or his own achievements. This is done with the guidance of the professor, who must define required criteria and emphasize the ethical part, given that this is not an opportunity for a grade, but rather a chance to qualitatively and quantitatively measure the learning process and, through this instrument, make decisions regarding any needed changes.

As long as self-evaluation does not exist as a serious and formative instrument, there will be no change. If the input for grading only comes from above, via the professor, we will never prepare students to administer their own learning. If they have no rubric for self-evaluation, students may answer questions and share their opinions in public. These include the following:

Have I followed suggested indications for carrying out this exercise?

Has my participation been active?

Have I collaborated with other members of the team to carry out this exercise?

Have I expressed my response in the adequate tone and rhythm?

Is my response appropriate to the type of question?

The student should keep these self-evaluations in a

en un portafolio. Al final del curso el profesor puede pedirlas. Tanto el estudiante como el profesor podrán hacer reflexiones.

Heteroevaluación o coevaluación

Los estudiantes pueden evaluar el desempeño de otros. Al igual que la autoevaluación, el profesor deberá enfatizar que se debe aplicar la nota con honestidad y sentido crítico. A través de este proceso, ellos pueden crecer en el manejo de la evaluación.

Considerando que el aprendizaje es colectivo, y que el nuevo conocimiento se construye en equipo y que todos somos responsables por el aprendizaje de otros, entonces, este tipo de evaluación ayuda a medir si las cosas en el equipo están marchado apropiadamente. Aporta al grupo ideas y sugerencias apropiadas para la construcción del trabajo.

¿Se expresa de una forma audible y clara?
    Siempre   La mayor parte del tiempo   Nunca

¿La participación es adecuada al tipo de pregunta o ejercicio de clase?
    Siempre   La mayor parte del tiempo   Nunca

¿Colabora con el equipo en la realización del trabajo?
    Siempre   La mayor parte del tiempo   Nunca

¿Escucha a otros con respeto y tolerancia?
    Siempre   La mayor parte del tiempo   Nunca

Rúbricas: Una rúbrica es un conjunto de criterios y estándares, relacionados con objetivos de aprendi-

portfolio. At the end of the course, the professor can ask for them. The student, as well as the professor must reflect.

Heteroevaluation or Coevaluation:

Students can evaluate the work of others. Just like self-evaluation, the professor must emphasize that grades must be applied critically and honestly. Through this process, they can improve their management of evaluation. Taking into account that learning is collective, that new knowledge is constructed through teamwork and that all of us are responsible for the learning of others, this type of evaluation helps measure whether or not the team is functioning appropriately. It lends to the group ideas and suggestions appropriate to constructing work. Questions germane to this type of evaluation include the following:

Does the student express her/himself clearly and audibly?
      Always   Most of the Time   Never

Is the student's participation adequate to the type of class participation or exercise?
      Always   Most of the Time   Never

Does the student collaborate with the team in carrying out work?
      Always   Most of the Time   Never

Does the student listen to others with respect and tolerance?
      Always   Most of the Time   Never

zaje, que se utilizan para evaluar un nivel de desempeño o una tarea. Se utilizan para evaluar proyectos y/o exámenes. Lo más importante de esto es que los estudiantes deben tener las rúbricas desde el primer día de clases, aplicarlas y leerlas continuamente. Al final del capítulo colocamos algunos ejemplos de rúbrica para evaluar proyectos orales y escritos.

Proyectos orales y escritos

Uno de los cambios en esta propuesta es: los estudiantes son capaces de partir de una tipología textual, ya sea oral y escrita. No importa que ellos sean principiantes. Desde los cursos básicos ellos pueden iniciar escribiendo textos. La tipología a desarrollar incluye: noticias, poema, instructivos, recetarios, conversaciones, entrevistas, descripciones, etc. Pero se debe trabajar con los estudiantes conscientemente. Por ejemplo, ¿Qué tipo de palabras se necesita para una descripción? Principalmente, adjetivos ¿Qué tipos de palabras se necesitan para escribir recetas? En el procedimiento de una receta, se inicia con verbos en infinitivo o imperativo. Las palabras de enlace también son importantes. Entonces, debemos enseñarles que cada tipología textual tiene una estructura propia, y que cada una requiere de un particular del uso de la gramática (tipos de palabras, signos de puntuación, etc). Por otra parte, debemos mostrarles las diferencias en el uso de la gramática entre la lengua materna y la lengua meta. En español, por ejemplo, escribimos los nombres de los días y los meses con minúscula. Escribimos las fechas en un orden diferente, primero el día, después el mes, después el año. Por ejemplo, si alguien nació el 7 de noviembre, en España y en América Latina se representa así: 07/09. Pero en Norte América podría significar el 9 de julio. Esto podría dar resultados

Rubrics: A rubric is a set of criteria and standards related to learning objectives, which is used to evaluate a level of effort or an assignment. It is used to evaluate projects and/or exams. The important thing is that students must have rubrics from the first day of class. They must apply them and read them continuously. At the end of the chapter, we will look at some examples of rubrics for evaluating oral and written projects.

Oral and Written Projects

One of the changes in this proposal is that students are capable of starting from a textual typology, be it oral or written. It doesn't matter if they are beginners. From basic courses, they can begin with this. They recognize as texts poems, instructions, recipes, conversations, interviews, descriptions, etc. But we must deal with students consciously. What kind of words, for example, do they need for a description? What kind of words do they need to write a recipe? In preparing a recipe, they will begin with infinites or verbs in the imperative. We must teach them, then, that each textual typology has its own structure, and that each require a particular use of grammar –types of words, punctuation, etc. In addition, we must show them differences of grammar between their native language and the target language.

In Spanish, for example, we write the names of the days of the week, and the months in lower case. We write dates in different order –firs the day, then the month and, finally, the year. For example, if someone was born the seventh of September, then in Spain and Latin America, it is represented as 07/10. But in the United States, that would mean the ninth of July. This can lead to disastrous results in the case of legal or medical information. A lot of errors have

nefastos en una información legal o médica. Se han registrado grandes errores en los hospitales con hispanos migrantes que ignoran esto. También se han producido errores a la hora de cerrar un negocio. De modo que estas cosas son de vital importancia. Es un grave error exigir que los estudiantes se memoricen los días de la semana y los meses, cuando hay otras cosas de vital relevancia. Recordemos que estamos hablando de la preparación de un profesional a nivel universitario. Actualmente, ni siquiera en Kindergarten se mide la memoria de un niño. Ellos tienen una gran habilidad para memorizar días, meses, números, etc. Y para ellos es un juego divertido recitarnos la lista de números: *Maestra, yo ya sé contar hasta 100. Abuelita, yo ya sé contar hasta 500.* Y es nuestra obligación escuchar la lista de números mostrando interés y emoción, puesto que para los niños esto es un reto importante, y es bueno para su autoestima que celebremos el triunfo con un aplauso y una calcomanía. Pero como profesor universitario, no puedo imaginar que mis estudiantes me reciten los números, los días de la semana o los meses del año; y que luego, yo deba premiarles con una calcomanía y un bombón. Sería, incluso, altamente ridículo que les preguntara en un examen ¿Cómo se dice martes? ¿Cómo se dice julio? ¿Cómo se dice 5? Se supone que ellos son capaces de memorizar esto o de buscarlo en el diccionario online si se les olvida. Pero los diccionarios no siempre tienen las diferencias que marcan las leyes de la temporalidad o la relación de la lengua y las pautas de comportamiento, elementos diferenciadores entre todas las culturas del mundo. Entonces, nuevamente formulo la pregunta: Y después de memorizar el vocabulario del tiempo, ¿Qué van a hacer ellos con lo memorizado?

Nuestra sugerencia apunta hacia la lectura, análisis, escritura y comprensión de la tipología textual.

occurred in hospitals due to this. It has also caused problems in business. These problems, therefore, are of vital importance. It is a serious mistake to demand students to memorize days and months, when there are other matters of much greater importance. Remember that we are speaking of professionals at the university level. Currently, we don't even measure the memory of children in kindergarten –at which level children have a prodigious memory for memorizing days, months, numbers, etc. For little children it is a fun game to recite lists of numbers –*"Teacher, I can count to a hundred." "Granny, I can count to a five hundred."* And at that level, it is our obligation to listen to the little child reciting a list of numbers, showing great interest and emotion, since for the child, this is an important challenge. It is important for the child's self-esteem when we celebrate this triumph with applause and a sticker. But as university professors, we cannot imagine our students reciting numbers, days of the week and months of the year in expectation of receiving a sticker and a bonbon. It would also be ridiculous to ask questions on an exam such as "How do you say Tuesday?," "How do you say July," "How do you say five?" It is supposed that students are able to memorize this or, of they forget it, look it up in a glossary or online. But dictionaries don't always have differences that mark temporality or the relationship of the language and elements of behavior, which differentiating factors among the world's cultures. Dictionaries don't tell you that in Spain, April is in the Spring time, in Costa Rica, it's the height of Summer and in Chile, it's the end of the Fall. Lets reformulate the question, then: After memorizing the vocabulary for time, what are students going to do with what they've memorized?

    Our suggestion points toward reading, analysis, writing and comprehension of of textual typology.

Los estudiantes de lenguas deben partir de un texto como modelo; pero no con el propósito de memorizarlo o traducirlo. Ellos deben practicar todo tipo de textos orales o escritos, de tal manera que puedan utilizarlos en cualquier contexto y situación comunicativa. Si logran el dominio de textos como una conversación de negocios, un debate, una entrevista de trabajo, de una carta de recomendación, de un artículo, etc. entonces, podremos decir que los hemos preparado profesionalmente. Y, para hacer esto no necesitan recargar la memoria. Tan solo necesitan aplicar lo que van aprendiendo en las diversas tipologías textuales, en proyectos auténticos durante la clase.

Propuesta A: Mi biografía

No hay nada más interesante para un estudiante que hablar de sí mismo, y qué mejor si es capaz de hacerlo en otra lengua. Los estudiantes con la ayuda del profesor escribirán un libro por etapas. Se escribirá en clase, de modo que es un proyecto auténtico. La biografía contiene varios capítulos. Se sugiere que al terminar cada capítulo, los estudiantes deben leer ante la clase. Después de cada lectura, todos los estudiantes aportan sugerencias y aplican la rúbrica. Al final del curso, los estudiantes presentan la biografía en forma de libro artesanal, con fotos, dibujos, colores, etc. Para la exposición los estudiantes leen la biografía apoyándose en Power Point. Es necesario que los estudiantes procuren decir algunas cosas de su vida sin leer y deben estar preparados para responder preguntas relacionadas con el proyecto en la lengua meta.

Competencias a desarrollar: este proyecto es bastante completo e incluye diversidad de competencias: expresión oral, expresión escrita, comprensión lectora, comprensión oral, intercultural, etc.

Language students must use a text as a model, but not with the purpose of memorizing or translating it. They must practice all manner of oral and written texts, in order to use them in any context or communicative situation. If they manage to master texts such as a business conversation, a debate, a job interview, a letter of recommendation, an article, etc., then they don't need to recharge their memories. They only need to apply what they have learning in diverse textual typologies, in authentic projects during class.

Proposal A: Biography

There is nothing more interesting for a student than to talk about her/himself. This is even better when a student can do so in a Foreign Language. Students, with the help of their professor, will write a book in stages. It will be written in class. In this sense, it will be an authentic project. The biography will contain various chapters. It is suggested that, at the end of each chapter, students should read to the class. After each reading, all students will give suggestions and apply the rubric. At the end of the course, students will present their biographies in chapbook form, with photos, drawings, colors, etc. For their presentation, students will read the biography, with the help of Power Point or other visual resources. It is necessary for students to be able to say something about their lives without reading and they must be prepared to answer questions related to the project in the target language.

Competencies to be developed: This project is rather complex and includes a diverse competencies such as oral expression, written expression, reading comprehension, oral comprehension, intercultural knowledge, etc.

Temas contenidos en la biografía:

~∙

Capitulo A: Información personal/Personal Information
Nombre/Name: Yo me llamo _____ (My name is___)
Apellido/Last name: Mi apellido es _____ (My last name is___)
Edad/Age: Yo tengo _____ años (I am ____ years old)
Lugar de nacimiento/Birth place: Yo nací en _____ (I was born in _____)
Estado civil/Marital status: Estoy _____ (I am _____)
Profesión/Profession: Yo soy _____ (I am _____)
Dirección/Address: Yo vivo en _____ (I live at ____)
Número de teléfono/Phone number: Mi número de teléfono es _____ (My phone number is _____)

~∙

Capítulo B: Comida/Food
Mi comida favorita es _____ (My favorite food is _____)
My favorite récipe is _____ (My favorite recipe is _____)
Mis restaurantes favoritos son: _____ (My favorite restaurants are _____)

~∙

Capítulo C Mi familia/My Family) --En este capítulo los estudiantes cuentan:
Cuántas personas hay en la familia (How many people are in the family)
Cómo se llaman (What their names are)
Cómo son ellos. (What they're like)
Los amigos cercanos a la familia (Close family friends)
Si tienen mascotas o no tienen (Whether they have pets or not)

Themes Contained in the Biography:

Chapter A: Información personal/Personal Information
Nombre/Name: Yo me llamo _____ (My name is___)
Apellido/Last name: Mi apellido es _____ (My last name is___)
Edad/Age: Yo tengo _____ años (I am _____ years old)
Lugar de nacimiento/Birth place: Yo nací en _____ (I was born in _____)
Estado civil/Marital status: Estoy _____ (I am _____)
Profesión/Profession: Yo soy _____ (I am _____)
Dirección/ Address: Yo vivo en _____ (I live at ___)
Número de teléfono/Phone number: Mi número de teléfono es _____ (My phone number is _____)

Chapter B: Comida/Food
Mi comida favorita es _____ (My favorite food is _____)
My favorite récipe is _____ (My favorite recipe is _____)
Mis restaurantes favoritos son: _____ (My favorite restaurants are _____)

Chapter C Mi familia/My Family) –In this chapter, students will tell:
Cuántas personas hay en la familia (How many people are in the family)
Cómo se llaman (What their names are)
Cómo son ellos. (What they're like)
Los amigos cercanos a la familia (Close family friends)
Si tienen mascotas o no tienen (Whether they have pets or not)

Capítulo D: Hablando sobre ti mismo/Talking About Yourself

Aquí los estudiantes escriben cinco adjetivos acerca de sí mismos. Dicen cómo son física y moralmente. También dicen qué les gusta hacer.

Capítulo E: Descripciones de la casa/Describing the House

Los estudiantes cuentan como es su casa real y cómo es la casa de sus sueños.

Capítulo F: Temas sobre la vida/Topics of life

Los estudiantes cuentan qué hacen y qué quieren llegar a ser.

Capítulo G Dedicación Especial/Special Dedication

Yo tomé este curso porque yo quiero aprender español (I took this course because I want to learn Spanish).
Yo aprendí en este curso: _____ _____ ____ (In this course I learned ____)
Yo estoy feliz porque yo he escrito un libro sobre _____ (I am happy because I wrote a book on _____)
Yo dedico este libro a mi mamá, a toda mi familia y a mis amigos (I dedicate this book to my mom, my whole family and my friends).

Propuesta B: Poesía

Los estudiantes pueden leer desde el primer nivel la poesía con la orientación del profesor. Existen

Chapter D: Hablando sobre ti mismo/Talking About Yourself

Here, students will write five adjectives about themselves. They will tell how they are physically and morally. They will also say what they like to do.

Chapter E: Descripciones de la casa/Describing the House

Students will talk about their real house, as well as about the house of their dreams.

Chapter F: Temas sobre la vida/Topics of life)

Students will speak about what they do everyday and what they would like to be.

Chapter G Dedicación Especial/Special Dedication

Yo tomé este curso porque yo quiero aprender español (I took this course because I want to learn Spanish).
Yo aprendí en este curso: _____ _____ ___ (In this course I learned ___)
Yo estoy feliz porque yo he escrito un libro sobre _____ (I am happy because I wrote a book on _____)
Yo dedico este libro a mi mamá, a toda mi familia y a mis amigos (I dedicate this book to my mom, my whole family and my friends).

Proposal B: Poetry

Students can read poetry from the beginning level with the guidance of their professor. There are poems

poemas fáciles para comprender. Por otra parte, los estudiantes pueden conocer a los principales poetas de otras culturas. Pero lo más importante es que los estudiantes de cualquier nivel sean capaces de crear poemas sencillos. Es un proceso que puede hacerse tanto individual como colectivo.

Pasos para la actividad:
b) Leer los versos y comentar su significado
c) Tratar de construir otros similares.
d) Todos los estudiantes crean un verso. Cada estudiante escribirá un verso en la pizarra a fin de tener una rima colectiva.

Un poema con símiles:

La palabra símil proviene del vocablo latín **similis** "algo que se refiere a lo semejante." Por lo tanto, se le dice símil a todo aquello que establece una comparación entre dos o más cosas, objetos, situaciones o personas.

Me acarició con sus manos tan suaves como la seda.
Tú eres duro como el acero.
Tus ojos son como dos zafiros.
El es manso como un corderito.
El es feroz como un león.
Tus labios son rojos como rubíes.

Los estudiantes escribirán un verso en torno al tema escogido. Luego, todos escribirán los versos en la pizarra a fin de completar un poema colectivo.

Aquí tratarán de elegir lo más apropiado y explicarán sus motivos.

Tu beso es como un ....
Tu amor es como ....

that are easy to understand. Additionally, students can learn about the principle poets of other cultures. But the most important thing is that students of all levels are capable of creating simple poems. It is a process that can be carried out individually, as well as collectively.

Steps for the activity:
a) Students will read verses and comment upon their meaning.
b) They will try to construct similar poems based on models.
c) All students will write verse. Every student will write a verse on the board to form a collective poem.

A Poem with Similes:

The word simile comes from Latin **simĭlis** 'that which refers to something similar." We use the term simile, therefore, for anything that establishes a comparison between two or more things, objects, situations, persons, etc.
Me acarició con sus manos tan suaves como la seda. (S/he caressed me with hands as soft as silk).
Tú eres duro como el acero. (You're as hard as steel).
Tus manos son como dos zafiros. (Your eyes are like two sapphires).
El es manso como un corderito. (He is as meek as a lamb).
El es feroz como un león. (He is as fierce as a wolf).
Tus labios son rojos como rubíes. (Your lips are as red as rubies).

Students, in turn, will write a verse about a chosen topic. Later, they all will write verses on the blackboard, in order to complete a collective poem.
Students will select the appropriate ending and explain their motives.
Tu beso es como un …….. (Your kiss is like ____).
Tu amor es como ……… (Your love is like ____).

Vocabulario:

un león

un fuego

un huracán

un cielo azul

un enjambre

un sabor amargo

una pesadilla

una pinchazo

un sabor agridulce

Al final, todos leen el poema colectivo con emoción y tonos diferentes.

Propuesta C: El recado cibernético

El recado en América Latina es un mensaje que se transmite de forma oral o escrita. Este término se utiliza en México y en Centro América. Pero en este caso, todos serán "recados cibernéticos."
Los estudiantes se escriben entre sí un email en la lengua meta. El mensaje puede ser sobre cualquier tema propuesto en clase y adecuado al nivel de ellos: presentaciones personales; invitación a una fiesta, etc.
Los estudiantes imprimen estos emails y el profesor los corrige en clase. Los estudiantes vuelven a escribir haciendo las correcciones indicadas. Los estudiantes escribirán un párrafo en el que se manifiesten tres condiciones: coherencia, cohesión, adecuación.

Propuesta D: Una receta de cocina

Durante el curso los estudiantes aprenden palabras relacionadas con la comida y la acciones relaciona-

Vocabulary:

un león (a lion)

un fuego (a fire)

un huracán (a hurricane)

un cielo azul (a blue sky)

un enjambre (a hive)

un sabor amargo (a bitter taste)

una pesadilla (a nightmare)

un pinchazo (a pinch)

un sabor agridulce (a bittersweet taste)

Finally, everyone will read the collective poem with emotion and with different intonations.

Proposal C: The Cyber-message

In Latin America, a recado is a message transmitted in oral or written form. But in this case, we are dealing with "recados cibernéticos." Students will write e-mails to one another in the target language. The message can be about any theme proposed in class and adequate to the class level.

Personal Presentations: Invitation to a party, etc.

Students will print their e-mails and the professor will correct them in class. Students will continue writing, making the indicated corrections. Students will write a paragraph that demonstrates logical coherence, grammatical cohesion and adequate level.

Proposal D: Kitchen Recipes

During the course, students learn words related to food and actions related to cooking. Students will read recipes and create new ones using appropriate vocabulary. Students must demonstrate that the recipe contains the correct ingredients and procedures.

das con cocinar. Los estudiantes leen recetas y crean otras utilizando verbos y palabras de enlace. Los estudiantes deben mostrar lo siguiente:

La receta contiene ingredientes y procedimientos correctamente.

Presentan ante la clase una receta en la lengua meta.

Propuesta E: Pasaporte cultural

Los estudiantes miran un video sobre cultura o bien leen un artículo sobre un determinado país. Luego, en equipos escriben en torno a lo aprendido: tradiciones, geografía, historia, comida, palabras en la lengua meta. Al final, los miembros del equipo se presentan como viajeros culturales y presentan lo que han aprendido.

Importante: Esto requiere un nivel de dominio bastante alto. No podemos pedir que lo expliquen todo en la lengua meta. Lo importante aquí es que sepan sobre la cultura de otros países. Pero ellos pueden decir algunas palabras o frases relacionadas con el tema, en la lengua meta.

Propuesta F: Resolviendo problemas matemáticos o nutricionales

No es necesario que los estudiantes tengan un extenso vocabulario para leer. Los estudios han demostrado que basta alrededor de cincuenta palabras para intentar leer en la lengua meta. Si el profesor provee vocabulario o cognados para agilizar este proceso, entonces, los estudiantes comenzarán a leer en poco tiempo. Por otra parte, los estudiantes se entusiasman cuando relacionan el español con otros campos del saber que les interesan.

They will then present the recipe to the class in the target language.

Proposal E: Cultural Passport

Students will watch a video on culture or read an article on a determined country. Then, in teams, they will write about what they have learned: Traditions, geography, history, food, local vocabulary, etc., in the target language. Finally, team members will present themselves as cultural travelers and show what they have learned.

Important: This requires a rather high level of mastery of the target language. We cannot ask for them to explain everything in the target language. The important thing here is for them to learn about the culture of other countries. They are able, never the less, to use related words and sentences in the target language.

Proposal F: Solving Mathematical and Nutritional Problems

Students do not need an extensive vocabulary to read. Studies have demonstrated that around fifty words are needed to begin reading in a target language. If the professor provides vocabulary or cognates to facilitate this process, students will begin to read very quickly. In addition, students will become enthusiastic as they relate Spanish with other fields of knowledge that interest them. Do not forget that Spanish and the other Romance Languages share over fifty percent of their vocabulary with English.

Steps for Solving Mathematical Problems:

Let students construct meaning. Then, they will share the central idea of the problem. Determine which mathematical operation is needed: Addition, subtraction, multiplication, division, etc. Solve the problem. Students will write the process and the answer in the target language.

Students will solve the following problem, keeping

Pasos para resolver el problema matemático: Los estudiantes aplicarán el vocabulario proporcionado.
Deje que los estudiantes construyan los significados. Luego, todos comparten la idea central del problema. Determine qué operación matemática se necesita: suma, resta, multiplicación, división, etc. Resuelve el problema. Los estudiantes escribirán el proceso y la respuesta. Escriba la respuesta en la lengua meta. Lea el procedimiento en la lengua meta:
Más (+) (plus) Menos (-) (minus) Por x (time) Entre ÷ (divided by) igual = (equals)
Los estudiantes resolverán el problema:
El doctor Molina tiene 1000 dólares y compró cosas para todo el mes: Chocolates ($25), plantas ($50), mangos ($20), bananos ($30), vegetales ($20), un teléfono ($200), un libro ($20) aspirina ($40), antibióticos ($200), ¿Cuánto dinero pagó? ¿Cuánto dinero tiene?

Vocabulario:
Suma
resta
multiplicación
división
tiene
compró
dinero
cuánto
pagó
más.

Tareas para trabajar en parejas:

¿Qué operación matemática necesitas para resolver el problema?
Lee el proceso matemático en español.
¿Cuánto dinero pagó?
Escribe la respuesta usando oración completa.

in the mind the following vocabulary: Más (+) (plus), menos (-) (minus), por (x) (time), entre (÷) (divided by), igual (=) (equals).

El doctor Molina tiene $1000 y compró cosas para todo el mes: Chocolates ($25), plantas ($50), mangos ($20), bananos ($30), vegetales ($20), un teléfono ($200), un libro ($20) aspirina ($40), antibióticos ($200), ¿Cuánto dinero pagó? ¿Cuánto dinero tiene?

Doctor Molina has $1000 and has made his purchases for the month: Chocolates ($25), plants ($50), mangos ($20), bananas ($30), vegetables ($20), a telephone ($200), a book ($20) aspirin ($40), antibiotics ($200). How much did he pay? How much money does he have left?

Vocabulary:
Suma (add)
resta (subtract)
multiplicación (multiplication)
división (division)
tiene (has)
compró (s/he bought)
dinero (money)
cuánto (how much)
pagó (s/he paid)
más (plus, more).

Assignments to Work in Pairs:

¿Qué operación matemática necesita para resolver el problema? (What mathematical operation(s) are needed to solve the problem?) Read the mathematical process in Spanish.

¿Cuánto dinero pagó? (How much money did he pay?) Write the answer in a complete sentence.
Example:
El doctor Molina pagó_____
        Doctor Molina paid _____ .

Ejemplo:
El doctor Molina pagó_____
El doctor Molina tiene _____

Marcela está a dieta. Ella toma un licuado integral con vitaminas, calcio, minerales y proteínas. Pero ella comió 10 tajadas de pizza y 20 chocolates. El doctor le recomendó 1000 calorías diarias. Diseña un menú para que baje de peso.

Vocabulario:
Toma (Takes)
Pero (But)
Ella (She)
Comió (S/he ate)
Recomendó (S/he recommended)
Diarias (Daily)
Baje (Lose)
Peso (Weight)
Diseña (Design)

Preguntas:

¿Cuál es la idea central del párrafo?
Diseña un menú para que baje de peso.
Reconoce cognados en este párrafo.
Pronúncialos en español
Diseña el menú para Marcela y preséntalo ante la clase. Lee las respuestas en español.

Propuesta G: Portafolio y entrevista

Los estudiantes recopilan en un portafolio los materiales más importantes utilizados durante la clase: syllabus, rúbricas, ejercicios adicionales, las pre-

El doctor Molina tiene _____
Doctor Molina has left _____.

Marcela está a dieta. Ella toma un licuado integral con vitaminas, calcio, minerales y proteínas. Pero ella comió diez tajadas de pizza y veinte chocolates. El doctor le recomendó 1000 calorías diarias.

Marcela is on a diet. She drinks an all natural shake with vitamins, calcium, minerals and proteins. But she eats ten slices of pizza and twenty chocolates. Her doctor recommends 1000 calories per day.

Design a menu for her to lose weight.

Vocabulary:

Toma (takes)

pero (but)

ella (she)

comió (s/he ate)

recomendó (s/he recommended)

diarias (daily)

baje (lose)

peso (weight)

diseña (design).

Preguntas: e.g. *¿Cuál es la idea central del párrafo?* (What is the paragraph's main idea?)

Design a menu so she can lose weight. Recognize cognates in this paragraph. Pronounce them in Spanish. Design the menu for Marcela and present it in class. Read your answers in Spanish.

Proposal G: Portfolio and Interview

Students will compile their most important class materials including rubrics, additional exercises,

guntas que se realizarán durante la entrevista del portafolio, etc. Durante el semestre el profesor y los estudiantes pueden tener simulaciones de esta entrevista. Es decir, prácticas para la entrevista real. La entrevista puede estar dividida en tres partes o dos. Todo depende del nivel de español y los objetivos del curso.

El portafolio es un recurso didáctico que facilita la organización de la enseñanza y la posibilidad de activar posibles habilidades comunicativas. Eso será exitoso si uno trabaja constantemente en un proceso activo y planeado asociado con entrevistas, de vez en cuando, en cuanto a los contenidos.

Entrevista, primera parte: Destinada a saludar, romper el hielo y expresar información personal. El profesor y los estudiantes hablarán en la lengua meta.

¿Cómo te llamas?
¿Cuántos años tienes?
¿Cómo está tu familia?
¿En dónde vives?
¿Trabajas?
¿Qué te gusta hacer?
¿Por qué estás tomando la clase de español?

Segunda parte: El objetivo es mostrar cómo ha organizado el portafolio y preguntar algo especifico sobre el contenido del portafolio.

Una combinación de español e inglés es válida, pero los alumnos deben tratar de ofrecer una explicación mínima en español. Los estudiantes contestarán las siguientes preguntas:

questions asked during the portfolio interview, etc. During the class, the professor and students can simulate the interview, i.e. practice for the real interview. The interview can be divided into two or three parts. Everything depends on the level of Spanish and the course objectives.

The portfolio is a didactic resource that makes the organization of learning and the possibility of activating communicative abilities possible. This is successful if one works constantly in an active, planned process associated with a periodic interview regarding the contents.

Interview, First Part: This is designed for greetings, breaking the ice and expressing personal information. The professor and students will speak in the target language.

¿Cómo te llamas? (What's your name?)
¿Cuántos años tienes? (How old are you?)
¿Cómo está tu familia? (How is your family?)
¿En dónde vives? (Where do you live?)
¿Trabajas? (Do you work?)
¿Qué te gusta hacer? (What do you like to do?)
¿Por qué estás tomando la clase de español? (Why are you taking this Spanish class?)

Scond Part: The objective is to show how the portfolio is organized and to ask specifics about the portfolio's contents. A combination of Spanish and English is valid but the students must attempt a minimal explanation in Spanish. The student will answer the following questions:

¿Qué materiales has recopilado?
¿Cómo organizaste tu portafolio?
¿Qué actividad o tema te gustó más?
¿Qué aprendiste sobre esto?

Tercera parte (opcional): El profesor escoge un texto visto en clase. Le pide al estudiante que lea el texto en la lengua meta. Hace preguntas específicas sobre el tema. Algunos ejemplos de preguntas son:

¿De qué que trata el texto?
¿Cuál es la idea central?
¿Cuál es la idea secundaria?
¿Reconoces algunas palabras?
¿Te ha gustado el texto? ¿Por qué?
¿Recomendarías esta lectura a otros?

¿Qué materiales has recopilado? (What materials have you compiled?)
¿Cómo organizaste tu portalio? (How did you organize your portfolio?)
¿Qué actividad o tema te gustó más? (What activity or theme did you like best?)
¿Qué aprendiste sobre esto? (What did you learn about this?)

Third Part (optional): The professor chooses a text seen in class. S/he asks the student to read the text in the target language. The professor asks specific questions about the theme. Some examples of questions are:

¿De qué que trata el texto? (What does the text deal with?)
¿Cuál es la idea central? (What is the main idea?)
¿Cuál es la idea secundaria? (What is the secondary idea?)
¿Reconoces algunas palabras? (Do you recognize any words?)
¿Te ha gustado el texto? ¿Por qué? (Did you like the text? Why?)
¿Recomendarías esta lectura a otros? (Would you recommend this reading to others?)

Biografía Criterios: Expresión oral, expresión escrita, comprensión y contenido de tarea.

Criterios	Nivel Alto	Nivel Medio	Nivel Bajo
Expresión Oral 35 %	El estudiante presenta totalmente o la mayor parte de su trabajo en español. Pronuncia y lee correctamente frases en español, relacionadas con esta tarea. El volumen y el ritmo de la voz, la postura del cuerpo, el contacto visual son adecuados para la presentación. Presenta la información de forma organizada e interesante. Responde preguntas de la instructora o de los estudiantes utilizando palabras o frases en español. (Las preguntas estarán solo relacionadas con el tema de esta tarea)	El estudiante presenta, parcialmente, su trabajo en español. Intenta pronunciar y leer correctamente frases en español relacionadas con esta tarea. El volumen y el ritmo de la voz, la postura del cuerpo, el contacto visual casi siempre son adecuados para la presentación. Presenta la información de forma organizada e interesante. Intenta responder preguntas de la instructora o de los estudiantes utilizando palabras o frases en español. Presenta la información parcialmente organizada. (Las preguntas estarán solo relacionadas con el tema de esta tarea)	El estudiante presenta muy poco o nada, su trabajo en español. Apenas pronuncia y/o lee frases en español relacionadas con esta tarea. El volumen y el ritmo de la voz, la postura del cuerpo, el contacto visual son inadecuados para la presentación. Presenta la información de forma organizada e interesante. Responde las preguntas de la instructora o de los estudiantes sin utilizar palabras o frases en español. (Las preguntas estarán solo relacionadas con el tema de esta tarea)

Biography criteria: oral expression, written expression, comprenhension and content.

Criteria	High Level	Medium Level	Low Level
Oral Expression 35 %	The student presents all or the major part of his/her work in Spanish. He/she pronounces and reads Spanish sentences related to this material corectly. The volume and rhythm of the voice, body posture, visual contact are adequate for the presentation. He/she presents the information in an organized and interesting form. He/she responds to the instructor's or students' questions using words and/or sentences in Spanish. All questions will only be related to the theme of this material.	The student presents his/her work partially in Spanish. He/she attempts to pronounce and read Spanish sentences related to this material. The volume and rhythm of the voice, posture and visual contact are almost always adequate for the presentation. He/she presents information in an organized and interesting manner. He/she attempts to answer the instructor's or students' questions using words and/or sentences in Spanish. He/she presents the information partially organized. All questions will only be related to the theme of this material.	The student presents little or nothing of his/her work in Spanish. He/she barely pronounces and/or reads sentences in Spanish related to the material. estudiante presenta muy poco o nada, The volume and the rhythm of the voice, body posture and visual contact are inadequate for the presentation. He/she does not presents the material in an organized and interesting manner. He/she answers the instructor's and/or professors' questions without using words or sentences in Spanish. All question will only be related to the theme of this material.

Criterios	Nivel Alto	Nivel Medio	Nivel Bajo
Expresión escrita. 35 %	El uso del lenguaje es correcto, adecuado y eficaz. El estudiante aplica correctamente algunos temas gramaticales del curso: nombres, artículos femeninos, masculinos, femeninos; de la misma manera, verbos, adjetivos, etc. En su mayoría no se observan muchos errores gramaticales ni ortográficos (1 a 5 errores)	El uso del lenguaje es, por lo general, correcto, adecuado y eficaz. El estudiante intenta aplicar correctamente algunos temas gramaticales del curso: nombres, artículos femeninos, masculinos, femeninos; de la misma manera, verbos, adjetivos, etc. En su mayoría no se observan muchos errores gramaticales ni ortográficos (5 a 10 errores)	El uso del lenguaje es, por lo general, poco correcto, poco adecuado y eficaz para este tipo de tarea. El estudiante hace poco o ningún esfuerzo por aplicar algunos temas gramaticales del curso: nombres, artículos femeninos, masculinos, femeninos; de la misma manera, verbos, adjetivos, etc. En su mayoría, se observan muchos o abundantes errores gramaticales y ortográficos (11 ó más errores)

Criteria	High Level	Medium Level	Low Level
Written Expression 35 %	Language use is correct, adequate and efficient. The student correctly applies some grammatical terms from the course: nouns, masculine/feminine articles, as well as verbs adjectives, etc. In total there are few grammatical or spelling errors. (1 to 5 errors)	Language use is generally correct, adequate and efficient. The student attempts to correctly apply some grammatical terms from the course: nouns, masculine/feminine articles, as well as verbs, adjectives, etc. In total, there are not very many grammatical or spelling errors. (5 to 10 errors)	Language use is generally incorrect, inadequate and inefficient for this material. The student makes little or no effort to apply grammatical terms from the course: nouns, masculine/feminine articles, as well as verbs, adjectives, etc. On the whole, there are many grammatical or spelling errors. (11 or more errors)

Comprensión y Contenido de la tarea. 30 %	La tarea cumple con todos los requisitos formales: El alumno ha seguido desde el principio las indicaciones de la instructora. El trabajo se ha realizado en secuencias como parte de un proceso, tanto dentro de la clase como afuera. El estudiante ha desarrollado todos los capítulos, sin olvidar ninguno de los temas. El estudiante se ha esforzado por ilustrar el libro forma creativa. Los tipos de letras, colores, pinturas y otros recursos son adecuados para este tipo de tarea. El estudiante apoya su exposición con materiales adicionales como power point, posters, fotos, etc.	La tarea cumplen generalmente con todos los requisitos formales: El alumno generalmente, ha seguido desde el principio las indicaciones de la instructora. El trabajo se ha realizado casi en su totalidad, en secuencias como parte de un proceso, tanto dentro de la clase como afuera. El estudiante ha desarrollado casi todos los capítulos, y/o ha olvidado alguno de los temas. El estudiante, por lo general, se ha esforzado por ilustrar el libro de forma creativa. Los tipos de letras, colores, pinturas y otros recursos casi siempre son adecuados para este tipo de tarea. El estudiante, apoya su exposición con materiales con adicionales como power point, posters, fotos, etc, aunque se observa que estos son poco adecuados para la presentación.	La tarea cumple con pocos requisitos formales o con ninguno. El alumno sigue apenas las indicaciones de la instructora. El trabajo no se ha realizado en su totalidad, tampoco muestra evidencias de un proceso secuencial, tanto dentro como fuera de la clase. El estudiante ha desarrollado casi todos los capítulos, y/o ha olvidado alguno de los temas. El estudiante, muestra poco o ningún esfuerzo por ilustrar el libro de forma creativa y/ o los tipos de letras, colores, pinturas y otros recursos casi siempre son inadecuados para este tipo de tarea. El estudiante no utiliza para su exposición materiales adicionales como power point, posters, fotos, etc. Y/o se observa que estos son poco adecuados para la presentación.

Comprehension and content. 30 %	The assignment fulfills formal requirements: The student has followed the instructor's instructions from the beginning. The work has been completed in sequences as part of a process, inside and outside of class. The student has studied all the chapters, without omitting any themes. He/she has generally attempted to present the book in a creative manner. Types of letters, colors, painting and other resources are adequate for this assignment. He/she supports the exposition with additional materials such as PowerPoint, posters, photos, etc.	The assignment generally fulfills formal requirements: The student has generally followed the instructor's instructions from the beginning. The work is almost complete, in sequences as part of a process, inside and outside of class. The student has studied almost all the chapters, but has forgotten some of the themes. He/she has generally attempted to present the book in a creative manner. Types of letters, colors, painting and other resources are almost always adequate for this type of assignment. He/she supports the exposition with additional materials such as PowerPoint, posters, photos, etc., although they are inadequate for the presentation.	The assignment fulfills few or no formal requirements. The student barely follows the instructor's instructions. The work is incomplete and shows little evidence of a sequencial process, inside and outside of class. The student has studied almsot all the chapters and/or has forgotten some of the themes. He/she shows little or no effort to present the book in a creative manner and/or the types of letters, colors, paintings and resources are inadequate for this type of assignment. He/she does not use additional materials such as PowerPoint, posters, photos, etc. and/or these are inadequate for the presentation.

Rúbricas para Entrevista sobre el Portafolio (Criterio A, B, C)

Criterio A 20%	Nivel Alto	Nivel Medio	Nivel Bajo
Contenido y estructura	El estudiante incluye todos o la mayor parte de materiales utilizados durante la clase (ejercicios, ejemplos, preguntas frecuentes, syllabus, estrategias de aprendizaje, algunos apuntes de clase, metodología, pasaporte lingüístico, e-tamdem, textos informativos, etc) El estudiante ha organizado correctamente los papeles por temas y los ha mantenido limpios, en buen estado. El estudiante ha incluído una portada y ha escrito en español algunos datos: nombre, apellido, curso, fechas del curso, mayor, nombres del curso, etc)	El estudiante incluye, parcialmente, los materiales utilizados durante la clase (ejercicios, ejemplos, preguntas frecuentes, syllabus, estrategias de aprendizaje, algunos apuntes de clase, metodología, pasaporte lingüístico, e-tamdem, textos informativos, etc) Se observa una organización parcial de los papeles, el estudiante los ha dividido por temas y ha procurado mantenerlos limpios, en buen estado. El estudiante ha incluído una portada y ha escrito parcialmente o en inglés algunos datos: nombre, apellido, curso, fechas del curso, mayor, nombres del curso, etc)	El estudiante presenta muy pocos materiales utilizados durante la clase (ejercicios, ejemplos, preguntas frecuentes, syllabus, estrategias de aprendizaje, algunos apuntes de clase, metodología, pasaporte lingüístico, e-tamdem, textos informativos, etc) El estudiante muestra muy poca o ninguna organizacion de los papeles y difícilmente ha logrado mantenerlos limpios, en buen estado. El estudiante ha olvidado incluir una una portada y/o escrito la siguiente información en inglés: nombre, apellido, curso, fechas del curso, mayor, nombres del curso, etc)

PORTFOLIO RUBRICS (see criteria A, B, C)

Criterium A 20%	High Level	Medium Level	Low Level
Content and Structure	The student includes all or most materials used during the class (exercises, examples, frequent questions, syllabus, learning strategies, some class notes, methodology, linguistic passport, e-tandem, informative texts, etc.). Papers are correctly organized by themes, kept clean and i good shape. A cover is provided and includes in Spanish some information: name, last name, course, course dates, major, names of courses, etc.	The student partially includes materials used during the class (exercises, examples, frequent questions, syllabus, learning strategies, some class notes, methodology, linguistic passport, e-tandem, informative texts, etc.). Papers are partially organized. The student has divided them by themes and has kept them clean and in good shape. A cover is provided and is partially in English with some information: name, last name, course, course dates, major, names of courses, etc.	The student presents little material used during the class estudiante presenta muy pocos materiales utilizados durante la clase (exercises, examples, frequent questions, syllabus, learning strategies, some class notes, methodology, linguistic passport, e-tandem, informative texts, etc). There is little or no organization of papers or effort to keep papers clean and in good shape. There is either no cover or it is in English with the following information: name, last name, course, class dates, major, names of courses, etc.

Criterio B 40 %	**Nivel Alto**	**Nivel Medio**	**Nivel Bajo**
Entrevista	El estudiante es puntual a esta actividad y sigue todas las instrucciones. El estudiante domina el tema porque ha estado estudiando de forma constante y secuencial las preguntas y respuestas de esta entrevista. El estudiante pronuncia correctamente, observándose pocos o ningún error de pronunciación. El estudiante responde con seguridad y adecuación a las preguntas. (Este apartado podría ser grabado en un cassette)	El estudiante no ha sido puntual y/o no ha seguido todas las instrucciones. El estudiante demuestra poco dominio del tema. El estudiante pronuncia correctamente, observándose pocos errores en la pronunciación. El estudiante, por lo general, responde adecuación y seguridad a las preguntas. (Este apartado podría ser grabado en un cassette)	El estudiante no ha sido puntual y no ha seguido las instrucciones de esta actividad. El estudiante demuestra poco o ningún dominio del tema. Se observan abundantes errores de pronunciación. El estudiante responde con poca o ninguna adecuación y seguridad a las preguntas. (Este apartado podría ser grabado en un cassette)

Criterium B 40 %	**High Level**	**Medium Level**	**Low Level**
Interview	The student is punctual and follows all instructions. He/she masters the theme due to constant and sequential studying questions and answers for this interview. Pronunciation is correct with few or no errors. He/she answers confidently and adequately. (This section may be recorded).	The student is not punctual and/or has not followed all instructions. There is little mastery of the theme. The student pronounces correctly with few errors. He/she generally answers confidently and adequately. (This section may be recorded).	The student is not punctul and has not followed instructions. There is little or no mastery of the theme. There are many pronunciation errors. He/she answers with litle confidence and adequacy. (This section may be recorded).

Criterio C 40%	Nivel alto	Nivel medio	Nivel bajo
Preguntas sobre la lectura.	El estudiante sigue las indicaciones de este actividad y es puntual. El estudiante se concentra para leer un breve y sencillo texto (uno o dos párrafos y el texto será similar a los vistos en clase. Esto podría ser un presentación personal, una descripción, etc.) El estudiante responde demostrando: Comprensión de la idea o ideas principales. El estudiante expresa en español la idea o ideas centrales del texto. El estudiante reconoce y dice en español algunos tipos de palabras extraídas del texto (nombres, verbos, adjetivos, números, colores, etc) El estudiante recomienda o no a otros la lectura de este texto (esta parte deberá hacerla en español, pero para lograr esto, el estudiante ha tenido la oportunidad de practicar en clase) El estudiante se despide y da las gracias en español. (Este apartado también puede ser grabado)	El estudiante es poco puntual y/o sigue poco las indicaciones de este actividad. El estudiante se concentra poco para leer un breve y sencillo texto (uno o dos párrafos y el texto será similar a los vistos en clase. Esto podría ser un presentación personal, una descripción, etc.) El estudiante responde demostrando: Comprensión parcial de la idea o ideas principales. El estudiante expresa, parcialmente, en español la idea o ideas centrales del texto. El estudiante reconoce muy pocas palabras en español extraídas ese texto (nombres, verbos, adjetivos, números, colores, etc) El estudiante recomienda o no a otros la lectura de este texto (el estudiante no pudo hacerlo en español y lo hizo parcialmente en inglés) El estudiante se despide y da las gracias parcialmente, en español e inglés. (Este apartado también puede ser grabado)	El estudiante no es puntual y/o no sigue poco las indicaciones de este actividad. El estudiante se concentra poco o nada para leer un breve y sencillo texto (uno o dos párrafos y el texto será similar a los vistos en clase. Esto podría ser un presentación personal, una descripción, etc.) El estudiante responde demostrando: Poca o ninguna comprensión de la idea o ideas principales. El estudiante no expresa en expresa en español la idea central o ideas centrales del texto. El estudiante no reconoce ninguna palabra en español (nombres, verbos, adjetivos, números, colores, etc) El estudiante recomienda o no, a otros la lectura de este texto (lo hace solo en inglés) El estudiante se despide y da las gracias en inglés. (Este apartado también puede ser grabado)

Criterium C 40%	High Level	Middle Level	Low Level
Questions about the Reading	The student follows the indications of this activity and is punctual. He/she concentrates to read and short and simple text (one or two paragraphs similar to those seen in class. This could be a personal presentation, a description, etc.) He/she answers showing understanding of the principal idea or ideas in Spanish. He/she recognizes and points out some types of words in the text: nouns, verbs, adjectives, numbers, colors, etc. He/she does or doesn't recommend this text in Spanish. (He/she has had the chance to practice in class). The student says farewell and gives thanks in Spanish. (This section may be recorded).	The student is not punctual and/or does not follow the indications of this activity. He/she does not concentrate much to read and short and simple text (one or two paragraphs similar to those seen in class. This could be a personal presentation, a description. etc). He/she answers showing partial understanding of principal idea or ideas in Spanish. He/she recognizes very few Spanish words from the text (nouns, verbs, adjectives, numbers, colors, etc.). He/she does or doesn't recommend this text (the student can't do it in Spanish and does it partially in English). The student says farewell and gives thanks partially in Spanish. (This section may be recorded).	The student is not punctual and/or does not follow the indications of this activity. He/she shows little or no concentration to read a short and simple text (one or two paragraphs similar to those seen in class. This could be a personal presentation, a description, etc.). He/she answer showing little or no understanding of the principal idea or ideas in Spanish. He/she does not recognize any word in Spanish (nouns, verbs, adjectives, numbers, colors, etc.). He/she does or doesn't recommend this text (in English only). The student says farewell and gives thanks in English. (This section may be recorded).

RUBRICAS para test

CRITERIOS	NIVEL ALTO	NIVEL MEDIO	NIVEL BAJO
Expresión oral Organización de oraciones (coherencia y cohesión gramatical) 50%	Los estudiantes escriben las respuestas con oraciones completas. Ellos respetan la estructura gramatical en español. Ellos hacen oraciones con concordancia evidene. Ellos escriben oraciones con ortografía correcta. Las palabras deben estar escritas con uso correcto: acentos, comas, puntos, mayúsculas y minúsculas. No más de 5 errores por todo.	Los estudiantes escriben las respuestas con oraciones completas. Ellos pueden presentar algunas dificultadse con la estructura gramatical del español. Ellos tratarán de hacer oraciones con evidente concordancia. Ellos escriben la mayor parte de las palabras con correcta ortografía. Generalmente, la ortografía es correcta: acentos, comas, puntos, uso de mayúsculas y minúsculas. 10 a 6 errores.	Los estudiantes escriben parcialmente. Ellos tropiezan con dificultades frecuentemente en la estructura gramatical del español. Los estudiantes muestran poco o ningún esfuerzo por crear oraciones con concordancia. Crean pocas oraciones con ortografía correcta. Generalmente la ortografía es incorrecta en el uso de: acentos, comas, puntos, minúsculas y mayúsculas. 10 errores o más.
Aplicación de vocabulario. 40%	Los estudiantes conocen y aplican la palabras (verbos y sustantivos) en un contexto apropiado (oraciones) No más de 5 errores.	Los estudiantes conocen y aplican palabras (verbos y sustantivos) en el contexto apropiado (verbos y sustantivos) al contexto apropiado (oraciones) con alguna dificultad.	Los estudiantes conocen y aplican palabras (verbos y sutstantivos) en el contexto apropiado (verbos y sustantivos) al contexto apropiado (oraciones) con considerable dificultad.
Comprensión de instrucciones. 10%	Los estudiantes muestran una comprensión completa de las instrucciones en español y de tod el contenido global del examen.	Los estudiantes muestran una comprensión pequeña de las instrucciones en español y de todo el contenido del examen.	Los estudiantes no muestran una evidente comprensión de las instrucciones en español y de todo el contenido del examen.

RUBRICS for test

Criteria	High level	Medium Level	Low Level
Written Expression. Organization of sentences (coherence & gramma cohesion) 50%	Students write complete answers in complete sentences. They respect the grammatical structure of Spanish. They make sentences with evident agreement. They write all words with correct spelling. Words must be written with correct usage of: accents, commas, periods and/or upper and lower case. No more than 5 errors in all.	Students write complete answers in complete sentences. They may encounter certain difficulties with respect to the grammatical structure of Spanish. They try to make sentences with evident agreement. They write most words with correct spelling. Spelling usually be correct as well as correct usage of: accents, commas, periods and/or upper and lower case. 10 to 6 errors.	Students write partial answers. They may encounter frequent difficulties with respect the grammatical structure of Spanish. Students show little or no effort in making sentences with evident agreement. They will write few words with correct spelling. Spelling will usually be incorrect with incorrect usage of: accents, commas, periods and/or upper and lower case. 10 or more errors.
Application of vocabulario. 40%	Students know and apply words (verbs and nouns) appropriate to the context (sentence). No more than 5 errors..	Students know and apply words (verbs and nouns) appropriate to the context (sentence) with some difficulty. 6 to 10 errors.	Students know and apply words (verbs and nouns) appropriate to the context (sentence) with considerable difficulty. 10 or more errors.
Comprehension of instructions. 10%	Students show competent comprehension of instructions in Spanish and of the whole content of the exam.	Students show little comprehension of instructions in Spanish and of the whole content of the exam.	Students show no evident comprehension of instructions in Spanish and of the whole content of the exam.

RUBRICAS PARA PROYECTOS DE PROCEDIMIENTOS: RECETAS

CRITERIA	HIGH LEVEL	MEDIUM	LOW
Expresion Escrita	Los estudiantes escribirán ideas en orden cronológico, comenzando coada instrucción con un infinitivo, un imperativo o palabras de enlace. Y mostrar características del tipo de texto.	Los estudiantes escriben ideas en orden cronológico. Comienzan la mayor parte de instrucciones con un infinitivo, un imperativo y/o palabras de enlace. Muestra características de cada texto.	Los estudiantes escriben instrucciones en forma desorganizada, raramente (o nunca) comienzan las instrucciones con infinitivos, imperativos o palabras de enlace. Raramente muestra características de esta clase de texto.
Expresión Oral.	Los estudiantes expresan ideas con seguridad, con adecuación y con adecuado tono de voz. Usan vocabulario apropiado y hacen referencia a lo escrito.	Los estudiantes generalmente expresan ideas con seguridad, con adecuación y con adecuada pronunciación o tono de voz. Usa generalmente vocabulario apropiado y hace algunas referencias del trabajo escrito.	Los estudiantes expresan ideas sin seguridad, sin adecuación, sin adecuada pronunciación o tono de voz. Falta vocabulario apropiado. Falta referencia al trabajo escrito.
Creatividad	Presenta pinturas o fotos en el orden gráfico dle manual y crea materiales apropiados para la presentación.	Presenta algunas fotografías en orden gráfico en el manual y crea materiales poco apropiados para la presentación.	No presenta ninguna pintura u otros gráficos en el manual. Los materiales son inadecuados para la presentación.

RUBRICS FOR PROCEDURAL PROJECTS: RECIPES

CRITERIA	HIGH LEVEL	MEDIUM	LOW
Writing Expression	Student writes ideas in chronological order Begins each instruction with an infinitive, imperative and/or linking words; shows characteristics of each kind of text.	Student writes ideas in semi-chronological order. Begins most instructions with infinitives, imperatives and/or linking words; shows characteristics of each kind of text.	Student writes instructions in a disorganized form, rarely (or never) begins instructions with infinitives, imperatives and/or linking words; Rarely appeard characteristics of each type of text.
Oral Expression	Student expresses ideas with assurance, with adequate pronunciation and tone. Uses appropriate vocabulary and makes reference to the written work.	Student generally expresses ideas with assurance, with adequate pronunciation or tone. Uses some appropriate vocabulary and/or some reference to the written work.	Student expresses ideas without assurance, with inadequate pronunciation o tone. Lacks appropriate vocabulary. Lacks reference to the written work.
Creativity	Presents pictures or other graphics in the manual and creative materials appropriate for the presentation.	Presents some pictures or other graphics in the manual and creative materials barely appropriate for the presentation.	Don't present any picture or other graphics in the manual. The few materials are inappropriate for the presentation.

CRITERIA	HIGH LEVEL	MEDIUM	LOW
Temas Interactivos	Los estudiantes aplican temas de otras clases en el proyecto. Efectivamente explican la relación de la lengua meta con otros temas (Cultura, gustos de otras culturas, ciencia y matemática entre otros) Por ejemplo: vitaminas, comida saludable, medidas, etc.	Los estudiates aplican temas de otras clases en el proyecto, pero ocasionalmente explican la relación con la lengua meta y los otros temas Pero ocasionalmente son explicaciones inapropiadas o contradictorios con el tema.	Los estudiantes aplican temas de otras clases en el proyecto, explican con ideas contradictorias o nociones que completamente ignoran la relación entre el lenguaje del proyecto y otros temas.

CRITERIA	HIGH LEVEL	MEDIUM	LOW
Interactive Themes	Student applies themes from other classes to the project, effectively explaining the relationship of the target language with to other themes (Cultural, Recepes, tastes from other cultures, Science & Math, among others). For example: vitamins, healthy food, measures etc.	Student applies themes from other classes to the project. But occasionally explains the relationship of the target Language to other themes with inappropriate or contradictory ideas.	Student applies themes from other classes to the project, explaining with contradictory ideas or notions that completely ignore the relationship the Language project and other themes.

Conclusiones:

Nuestro aporte se basa en los enfoques educativos contemporáneos relacionados con la enseñanza de lenguas extranjeras que se están aplicando en todos los continentes. Advertimos acerca del peligro de usar sólo evaluación sumativa y también, compartimos algunas ideas para evaluar formativamente desde el principio.

Nosotros recomendamos la evaluación formativa porque tiene la característica de ser valorativa y orientadora. Inicia desde el primer día de clase y se despliega en una secuencia de pasos destinados a obtener, sintetizar e interpretar el desempeño de los estudiantes en el aula, a fin de concienciarlos sobre su propio aprendizaje.

Los enfoques de lenguas extranjeras aconsejan enfocarse en el aprendizaje significativo, y al mismo tiempo, incentivar el trabajo de grupos pequeños dentro del aula, ya que la lengua tiene un carácter social, y en el trabajo grupal los estudiantes obtienen un andamiaje para el desarrollo de las competencias comunicativas. Por otra parte, aconsejan no centrar el quehacer del aula tan sólo en rutinas memorísticas. En el mercado laboral del siglo XXI los profesionales deben convertirse en comunicadores competentes en todo contexto y situación comunicativa.

La ciencia y la tecnología han avanzado tanto que no podemos pretender enseñar cosas complejas y extensas. Por eso, ahora se habla sobre teorías del aprendizaje de una lengua ya que el aprendizaje es personal, no se puede forzar a nadie a aprender. Este es un proceso interno y voluntario. Desde esta perspectiva, el rol del maestro y del estudiante han cambiado. Como profesores sólo podemos convertirnos

Conclusion:

Our contribution is based on contemporary educational approaches related to teaching Foreign Languages, which are applied on every continent. We have warned about the danger of only using summative evaluation. We have also shared some ideas about using formative evaluation from the start.

We recommend formative evaluation because it is characterized by values and guidance. It begins from the first day of class and it unfolds via a sequence of steps designed to obtain, synthesize and interpret student effort in the classroom, with the goal of making students aware of their own learning.

Contemporary Foreign Language approaches advise concentrating on significant learning, and at the same time, incentivizing work in small groups inside the classroom, given that language has a social character. Through group work, students receive a structure ("scaffold") for the development of communicative competencies. In addition, they counsel not to focus class homework only on memory-based routines. In the twenty first century labor market, professionals must become communicators competent in every communicative context and situation.

Science and technology have advanced to the point that we cannot pretend to teach complex and extensive disciplines. That's why, these days, one speaks about theories of learning a language. Given that learning is personal, one cannot force anyone to learn. It is an internal, voluntary process. From this prospective, the roles of teacher and student have changed. As professors, we can only convert ourselves into strategists, counselors and guides who show a path full of different, viable alternatives so

en estrategas, en consejeros y en guías que muestren alternativas viables para que el estudiante consolide su aprendizaje. Por tanto, la evaluación formativa es una de las mejores maneras en este propósito. Si evaluamos integralmente, los estudiantes adquirirán destrezas para auto-valorarse éticamente, administrar sus progresos, emprender nuevos retos, dialogar con tolerancia y respeto cuando necesiten intercambiar diferentes puntos de vista, juzgar con sentido crítico los procesos culturales y sociales; y, finalmente, estarán listos para participar de forma activa, democrática y competente en un ámbito multicultural y plurilingüe. No podemos enseñar todo esto en unos cuantos cursos, pero podemos mostrarles estrategias para que se conviertan en aprendedores independientes.

Nuestro mensaje más importante es: No basta con tener programas de lenguas extranjeras bien estructurados, extensos, integrales y provistos con estrategias innovadoras. Estos nunca darán los resultados esperados si:

La evaluación no es formativa y no existe una coherencia entre la formación de competencias comunicativas y los tipos de evaluaciones.

Si los programas y tipos de evaluación no son competentes con la realidad de los estudiantes. Si no se toman en cuenta sus saberes previos, sus niveles de competencia, sus dificultades de aprendizaje, sus objetivos profesionales, sus intereses e incluso sus sentimientos.

Debemos tomar en cuenta que, a veces, las experiencias negativas de los estudiantes con una determinada cultura o lengua pueden influir en los resultados.

En resumen, la práctica de temas descontextualizados, la falta de participación del alumnado en sus propios procesos, el adjudicarles una calificación

that students may consolidate learning. Formative evaluation, therefore, is one of the best tools in this program. If we evaluate integrally, students will acquire skills to self-evaluate themselves ethically, to administer their own progress, to meet new challenges, to dialogue with tolerance and respect when they need to exchange different points of view, to judge cultural and social processes with critical sense, and finally, to be ready to participate in an active, democratic and competent manner in and multicultural pluri-lingual environment. We cannot teach all this in just a few courses, but we can show them strategies for becoming independent learners.

Our most important message is that it is not enough to have well-structured, extensive, integrated Foreign Language programs beefed up with innovative strategies. These will not, in and of themselves, give desired results if evaluation is not formative and there is no coherence between the formation of communicative competencies and types of evaluation. It will founder if programs and types of evaluation are not congruent with student realities. If we do not take in account their previous knowledge, their levels of competency, their difficulties in learning, their professional objectives, their interests and, even their feelings, the program is lost. We will not achieve what we wish if we do not consider, that often, negative experiences with a certain culture or language influence results.

In short, the practice of decontextualized topics, the lack of student participation in their own processes, grading under a rigid qualification system all contribute to failure to achieve expected goals. If we forget that our means of evaluation affects student self-esteem, an element of vital importance for every human being to achieve full development of communicative competencies, then we fail our students.

When we apply a rigid and inflexible system of eval-

rígida, conllevará nuevamente al fracaso estudiantil. Si olvidamos que nuestra manera de evaluar afecta la autoestima del estudiante, elemento de vital importancia para que todo ser humano logre el desarrollo pleno de las competencias comunicativas, entonces, condenamos al fracaso a nuestros estudiantes.

Cuando aplicamos una evaluación rígida e inflexible atentamos contra la autoestima de los estudiantes. No estamos en contra de aplicar la evaluación sumativa al final del proceso. El peligro es que cuando se utiliza como un elemento rígido y exclusivo se convierte en un obstáculo capaz de detener los progresos de un programa de lenguas extranjeras, y lo más importante: Impide apreciar a los estudiantes en toda su dimensión humana. De esta manera, tan sólo aclaramos que esta debe ser la consecuencia, la etapa final de un caminar continuo, de una senda donde profesores y estudiantes han trabajado de la mano, practicando juntos una serie de estrategias para el desarrollo de las competencias comunicativas. Sólo hasta entonces, podremos decir que tenemos un sistema completo e integro en la enseñanza de lenguas extranjeras.

uation, then we attack student self-esteem. We are not against applying a summative exam at the end of the process. The danger of summative evaluation is that, when used exclusively, it impedes the success of any Foreign Language program. More importantly, it impedes the appreciation of students in their entire human dimension. We only wish to make clear that this consequence must be only the final step of a continuing road, a path where professors and students have worked hand in hand, practicing together a series of strategies for the development of communicative competencies. Only then, can we say that we have a complete and integral system for teaching Foreign Languages.

BIBLIOGRAFÍA/BIBLIOGRAPHY:

Ausubel, D.P. (1976). Psicología educativa: un punto de vista cognoscitivo. México, Editorial Trillas. Traducción al español de Roberto Helier D., de la primera edición de Educational psychology: a cognitive view.

Giralt, M. (2003): El enfoque oral en la enseñanza del español como lengua extranjera: experiencia piloto de una propuesta didáctica, memoria de investigación, Departament de Didàctica de la Llengua i la Literatura, Universitat de Barcelona.

Revista RedELE, [En línea], Número 1.

Urbano Lira, Clara. (2004). "El aprendizaje cooperativo en discurso escrito en el aula de ELE". [En línea]

Vygotsky, L. S. (1987). Pensamento e linguagem. 1o ed. brasileira. São Paulo, Martins Fontes.

Willians M. et Burden R. (1999). Psicología para profesores de idiomas. Enfoque del constructivismo social. Madrid: CUP. 246 pp.

Impreso en Estados Unidos

MMXIII ©

www.ingramcontent.com/pod-product-compliance
Lightning Source LLC
Chambersburg PA
CBHW050906160426
43194CB00011B/2307